発達をうながす ハンドリング

Web動画付き

生活動作の介助のポイント

編著
作業療法士
鴨下賢一

著
作業療法士
池田千紗
戸塚香代子
小玉武志
髙橋知義
東恩納拓也
三和 彩

三輪書店

執筆者一覧（執筆順）

鴨下賢一　株式会社児童発達支援協会，リハビリ発達支援ルームかもん，専門作業療法士
池田千紗　北海道教育大学札幌校特別支援教育専攻，作業療法士
戸塚香代子　川崎市中央療育センター，作業療法士
小玉武志　北海道済生会 みどりの里，認定作業療法士
髙橋知義　株式会社 LikeLab 保育所等訪問支援事業 Switch，作業療法士
東恩納拓也　東京家政大学，作業療法士
三和 彩　美幌療育病院，作業療法士

【Web 動画のご視聴について】

本文内の QR コードをスマートフォンやタブレットなどの端末で読み取ってください．

注意事項　本動画配信サービスは，あらゆる環境での動作を保証するものではありません．推奨環境以外でのご利用や，推奨環境下でもブラウザの設定によってはご利用できない，もしくは正しく表示されない場合があります．
お使いのスマートフォン・タブレット端末での動画再生は，株式会社 J ストリームのチェックツール http://www.stream.co.jp/check/office/ （URL は変更される場合があります）でご確認いただけます．

・動画配信サービスの利用はご購入者 1 ユーザーのみです．
・利用規約（p12）に同意されない場合は本サービスの利用をお控えください．
・本サービスは，予告なく内容を変更もしくは提供を中止する場合があります．

はじめに

　発達が気になる子どもは、自由に体を動かすことや、道具を適切に握ったり操作したりすることが苦手な場合があります。

　人が体のどこかを自由に動かすためには、動かす部分以外を固定して止めておく必要があります。そして手足や体を自由に動かすためには、自分の体の大きさや位置関係などの身体イメージができていることが大切です。また、初めて行う動きであれば、その動きをイメージして自分の体で行うといった「運動をつくり出す力」と、行ったときの「誤った動きを調整する力」が必要です。人の動きにはこれ以外にも、「両手を協調させて動かす力」など、多くの力が関係しています。

　姿勢を正して座るときには、どの部分をどのように動かしたらよいか、あらかじめわかっていなければなりません。背中だけ力を入れたのでは体が反ってしまいます。姿勢よく座るためには、お腹と背中の力を適切に合わせて入れる必要があります。着替えは、自分の体を使った三次元のパズルになります。洋服のかたちを立体的に把握して、自分の体に当てはめることが求められます。

　道具や物を操作するためには、道具や物の形状と、自分の手足や体との位置関係を把握する必要があります。道具や物を握るときには、その道具や物のどの部分に自分の体のどの部分を合わせるのか、どのように体の力を入れて固定し、どの方向に力を入れて動かすのかを無意識なレベルで判断できなければなりません。例えば、はさみで紙を切る場合であれば、非利き手で紙を切りやすい状態にして持ち、はさみを利き手の指で把持した状態で動かしていく必要があります。

　発達が気になる子どもは、これらの動作を無意識に行うことが難しい場合や、体をどのように固定してどのように動かすかといった操作する動きがよくわからない場合があるのです。

　自分の体をどのように動かしたらよいかを教えていく方法の一つに「ハンドリング技術」があります。従来、肢体不自由のある方に対して行われてきたイメージがありますが、体をうまく動かせない子どもたちにも、とても有効な技術になります。子どもに体の動きを教えるときには、介助者が動かす部分を直接持って動かすところから始め、しだいに体の離れた部分を支えて動きを誘導するというように段階づけし、最終的には子どもが一人でできるようにします。介助者の子どもに対する位置は、はじめは子どもの後ろから二人羽織のように行うと、介助者の動きを伝えやすくなります。この際に、操作する物を子どもの手で直接握らせるなど、子どもが自分で操作しているかのように介助すると、より効果的になります。課題の内容によっては、横から、あるいは前から支援することもありますが、はじめは後ろ

から取り組んでみるとよいでしょう。ハンドリング技術では、固定する部分、動かす部分と動かす方向、重心の移動など、全身に配慮して行っていきます。

　介助の方法としては、達成感を得やすいように、完成の一歩手前から子どもに行わせる方法があります。トレーナーを着る場合であれば、頭を通すところは手伝い、腕を通すところを子どもに行わせることになります。しかしこの方法だけでは、頭を通すところの動きや方法を自分で体験することができません。子どもが一人でできない部分は、子どもの手をとり、いかにも子どもが自分で行っているかのように介助することで、持つ部分や動かす方向などを子ども自身が体験でき、これを繰り返すことで一人でもできるようになっていきます。

　まず、子どもに体が安定する姿勢をとらせます。床座位の場合では、正座か割座をさせます。介助者は子どもの真後ろに位置し、子どもの殿部を股で挟むように近づいて座ります。子どもの前にトレーナーを広げて置きます。子どもの両手で裾部分を握らせて、介助者はその手を放さないように上から握ります。子どもに着るように声かけし、子どもが動きはじめたら、頭を襟口に通す動きを誘導していきます。襟口に頭がはまりはじめたら子どもの手を放し、後頭部のトレーナーを把持して、子どもが頭を通す動きの際にトレーナーが回転しないようにします。頭を通す動きが難しい場合には、子どもの手を持ち頭を通す動きを誘導していきます。この際も子どもの手で引っ張る部分を握らせ、放さないように介助者がその上から握るようにします。動きを誘導する際には、介助者が勝手に動かすのではなく、子どもが動きはじめたら誘導していくようにします。頭が通ったら、片手でトレーナーの前の部分を握らせて介助し、片方の袖に通すところを誘導していきます。右手を通す際には右手を持ち上げますので、股で挟んだ殿部と体を少し左に重心が移動するようにすると、右手を動かしやすくなります。

　このように、動かす部分、固定する部分、把持する部分を介助し、運動の方向を段階づけて誘導していくことで、姿勢保持や、道具や物に手足や体の動きを合わせることができるようになっていきます。

　本著ではハンドリング技術の一部をご紹介しますが、これに限るわけではありません。ハンドリング方法は無限にあり、子どもごとに合わせていく必要があります。ぜひ、いろいろ試してみてください。

2022 年 8 月

鴨下賢一

目　次

第3章　食事動作 ⋯⋯⋯⋯⋯⋯⋯⋯⋯⋯⋯⋯⋯⋯⋯⋯⋯⋯⋯⋯⋯⋯⋯⋯ 141

コラム目次 🖋

- ◆動画アイコン（🎥）のある動作は、Web動画をスマートフォンやタブレットなどの端末で視聴することができます。
- ◆視聴方法は【Web動画のご視聴について】（p2）をご確認ください。
- ◆注意事項（【Web動画のご視聴について】に記載）や利用規約（p12）を十分にご理解のうえ、ご利用をお願いします。
- ◆本書の実践編については、子どもが右利きの場合で説明しています。子どもが左利きの場合は、基本的に動作が左右逆となります。

ハンドリングの練習のしかた

　人が体を動かすときには、動かす部分以外に、固定する部分が必要です。その固定が不十分だと、体を正確に動かすことが難しくなります。例えば鉛筆で文字を書くときには、座位が安定し、肩・肘・手関節が固定されることで、指が動きやすくなります。十分に固定されなければ、うまく書くことが難しくなってしまいます。

　また、椅子からの立ち上がり動作などでは、重心の移動も必要です。重心が支持基底面からはみだすと、人はバランスを崩してしまいます。重心の移動軌跡は単純ではなく、立ち上がり動作では上体がはじめ前方に移動することで、両足の間の支持基底面に重心が移動します。その後、支持基底面から重心がはみださないように立ち上がっていきます。したがって、介助者の固定や誘導が不十分だと、目的とする動きや活動がしにくくなったり、できなくなったりしてしまいます。

　運動の不器用さを主症状とする発達性協調運動症（DCD）は5〜10％の発生率であり[1]、自閉症スペクトラム（ASD）児の89.1％（境界児含む）[2]、注意欠如・多動症（ADHD）児の55.2％[3]が合併との報告があります。DCD児は、単に運動が苦手なだけでなく、着替えや片づけ、道具の操作などにも苦手さがあり、円滑な生活や学習が困難になっている場合があります。先に説明した固定と操作のほか、力があっても力を入れる方向がわからないなどの困難さがあることで、うまく活動ができない場合もあります。結果、生活や学習で不適応が生じる可能性があります。うまくできないことをごまかすためにふざけてみたりして、注意されてしまうことを繰り返し、結果的に二次障害を生じることも考えられます。

　したがって、子どもがうまく運動ができない、道具の操作ができない場合には、その固定と操作、運動の方向などを適切に、タイミングよく、必要な力加減で誘導し、その運動を支援すること（ハンドリング）が必要になります。

　ハンドリングを練習するには、まずは、その活動や運動を問題なくできる人や子どもに協力してもらいます。例えば椅子からの立ち上がりでは、介助者は椅子に座っている人の前か後ろからその人の両肩に両手を置きます。そして立ち上がってもらい、運動の方向や重心の移動などを感じ取ります。このときに介助者は、力を入れたり誘導したりはしません。介助者は動きを感じ取れるようになってきたら、少しずつ両肩にのせている手から力を伝え、誘導してみます。

　ハンドリングには決まった方法はありません。どこにどのように触れるか、どちら側から誘導するかなども決まっていません。また、単に動きを伝えるだけでなく、子どもに適切な動きが出はじめたら、固定や誘導を必要に応じて減らしていきます。この辺りは、何度も繰り返しトレーニングするしかありません。

　子どもたちが円滑な生活や活動、学習などを行えるようにハンドリング技術を高めることは、非常に重要です。ぜひ、その技術を高めていっていただければと思います。

◎参考文献

1）Wilson PH, et al：Understanding performance deficits in developmental coordination disorder：a meta-analysis of recent research. Dev Med Child Neurol　55：217-218, 2013

2）Green D, et al：Impairment in movement skills of children with autistic spectrum disorders. Dev Med Child Neurol　51：311-316, 2009

3）Watemberg N, et al：Developmental coordination disorder in children with attention-deficit-hyperactivity disorder and physical therapy intervention. Dev Med Child Neurol　49：920-925, 2007

第1章
整容動作

1　水を出す

はじめに

　水を出す動作ができるようになることで、手を洗う、顔を洗う、歯を磨く、うがいをするといった身の回りのことに自分で取り組むきっかけになるかもしれません。水を出す動作は、蛇口ハンドルの形状によって手の動かし方が変わります。また、水を出す量の調整が難しい場合もあります。

　最近では家庭でも、手をかざすと自動で水が出てくる蛇口や、レバーの上げ下げで水を出す蛇口を使っていることが多くなってきました。しかし、学校や公園など子どもたちが利用する公共の場では、多くの場合、しっかり握って手首をひねることで水が出るタイプの蛇口ハンドルが使われています。握る力と手首をひねる力を育てながら、水を出す動作を練習していきましょう。

知識編

◆環境設定

　背伸びしなくても蛇口ハンドルに手が届くように、足台を用意しましょう。水回りの床は滑りやすくなるので、安定感のある滑りにくい足台にします。また、立った姿勢が安定するように、足台の幅が子どもの両足の幅よりも広くなるようにします（図）。

　濡れた感触が苦手な子どもの場合は、すぐに拭くことができるようにタオルを用意します。

◆介助のポイント

　子どもの手の上から介助していると、介助者が手首をひねったり手を動かしたりして水を出してしまうことがあります。子どもが自分で手首をひねる、手を動かす感覚をつかめるように、力をかける方向を教えてあげることが大切です。ひねる蛇口ハンドルを右手で操作する場合は、介助者の親指の付け根を子どもの親指の付け根に当てて右斜め方向に押すようにすると、子どもは手首を動かす方向を理解することができます。

◆導入方法

　ひねる蛇口ハンドルがご家庭にない場合は、外出した際に少しずつ経験を重ねます。公

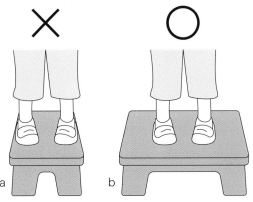

図 足台の幅の例
a：幅が狭くて足がはみだしそうな足台，b：しっかりと両足がのる足台

　園で砂遊びをした後は使った道具や手を洗うように促し、ひねる蛇口ハンドルを使う機会をつくりましょう。
　また、お風呂やトイレなど生活の中で水を目にする場面はたくさんあり、子どもも水に興味を持つことが多いと思います。はじめはお風呂場で水を出す、水量を調節する練習をすると、周りが水浸しになっても気にならず、介助者もゆっくり関わることができるかもしれません。

実践編

水を出す

① 洗面台の前に立つ

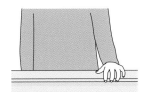

　子どもを洗面台の前に立たせます。蛇口ハンドルに手が届くように足台などで調整します。姿勢が安定しない場合は、介助者は背中〜骨盤の周りに手を添えて、前下方（おへその方向）へやさしく支えるようにします。子どもが片方の手で洗面台の縁をつかむことでも姿勢が安定します。

② 蛇口ハンドルの握り方

蛇口ハンドルは、子どもの手の平より大きい場合もあります。まずはしっかり蛇口ハンドルを握ることができるよう、子どもの手の上から一緒に押さえるように手を重ねます（子どもが右手の場合、右手で介助）。子どもが蛇口ハンドルを握るように、「ぎゅっと握るよ」「グーしてね」といった声をかけて促します。

③ 蛇口ハンドルの動かし方

手を握ったまま手首をひねる動作は難しく、手を放してしまったり、上手に手首をひねることができなかったりする場合があります。手を放してしまう子どもの場合は、握り続けられるように、子どもの手の上から握る動作を手伝います。

手首をひねることができない子どもの場合、肘や肩を大きく動かしてひねろうとする様子がみられることがあります。肘を伸ばして手首だけを動かすよう、介助者は子どもの肘の外側を腕で軽く押さえるようにします。手首をひねる動作は、「水を出すよ」の声かけとともに、介助者の親指の付け根で子どもの親指の付け根を小指方向に押すようにして促します。その際、子どもが手首をひねろうと力を入れるタイミングに合わせるようにします（a）。

レバー式の蛇口ハンドルの場合は、レバーを上げすぎて勢いよく水が出てしまうことがあります。水量については、「もう少し弱くしよう」といった声かけをして気づきを促します。また、手の平を上に返すことが苦手な場合は、手の平を下に向けたまま操作してもかまいません（b、c）。

2　手を洗う

はじめに

　手を洗う動作は、食事の前、トイレの後、外から帰ってきたとき、お手伝いの前など、一日の中で何度も行います。手の清潔を保ち風邪を予防する意識づけや、家でお手伝いをして達成感を感じるきっかけになるかもしれません。

　手をきれいに洗うことができるようになるには、洗面台の前でしっかり姿勢を保つ力、指をしっかり曲げたり伸ばしたり、開いたり閉じたりできる力といった運動の発達や、手洗いの手順を覚える力、石鹸の流し忘れがないか手元を見て確認する力といった認知の発達が関わってきます。小学校に入学する前くらいの発達段階であれば、手をきれいに洗うことができるようになると考えられます。

知識編

◆環境設定

　手を洗う動作は両手で行うため、立った姿勢が安定するように洗面台の縁をつかむことができません。姿勢が安定するように、足元に滑り止めマットを敷く、安定感のある滑りにくい足台を用意する、椅子に座って行わせるなどの工夫をしましょう。

　濡れた感触が苦手な子どもの場合は、すぐに拭くことができるようにタオルを用意します。また、固形石鹸だと滑りやすくてしっかり石鹸をつけることができない子どもや、ぬるぬるした感触が苦手な子どももいます。液状や泡状のハンドソープを取り入れるなど、手を洗うことが嫌だと感じないように配慮することが大切です。

◆介助のポイント

　手を洗う動作は手順が多いので、イラストや動画で手順を示したり、声かけをして次の動作を促したりします。手順ごとに手をこする時間を設ける必要があるので、タイマーや動画で時間を示すか、一緒に数を数えます。声かけを減らして一人でできるようにしていくことが大切です。

　子どもの後ろから介助していると、子どもが手順を確認しているか、また手元を見て洗い残しがないかを確認しているか、把握できないことがあります。鏡に映る子どもの視線

に留意しながら介助します。

◆導入方法

　1歳くらいになると、はいはいやつたい歩きでいろいろな場所を触ることや、外出の機会も増えるので、食事の前や外から帰ったときに大人が手を洗う動作を見せて、手を洗う習慣づくりをしていきます。この頃は大人の動作を真似することも上手になってくるので、お風呂で大人が一緒に手を洗うようにします。また、どうして手を洗うのかを絵本やお話で伝えることで手を洗う意識づけをします。

実践編

手を洗う

① 洗面台の前に立つ

　子どもを洗面台の前に立たせます。蛇口ハンドルに手が届く高さになるように、足台などで調整します。姿勢が安定しない場合は、足元に滑り止めマットを敷き、介助者の体で支えるようにします。

② 服の袖をまくる

　服の袖に指をかけるように声かけし、肘までしっかりまくるよう促します。介助者は子どもの前腕を支え、肘の内側が天井を見るような方向になるようにし、子どもが肘を伸ばしやすくします。袖をまくる際は服の素材によって力が必要な場合があるので、介助者は子どもの力に加えてもう少しでまくれる程度の力加減で、肩の方向に力をかけるように介助します。

③ 手を水で濡らして石鹸をつける

　水を出して手を濡らしたら、「一回水を止めよう」と声かけします。石鹸をつける際は、ハンドソープの場合はポンプヘッドを何回プッシュするのかを決めておきます。片方の手の平を上に向けて、もう片方の手でポンプヘッドをプッシュするので、プッシュしやすいほうの手を確認し、ハンドソープを置いておきます。

④ 手の平をこすり合わせる

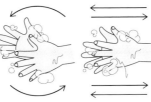

　両手の手の平をこすり合わせる動きには、円を描くようにこする動きや、指先から手首の方向に縦に動かす動きがあります。「くるくるこするよ」「お祈りするみたいに動かすよ」などの声かけをして、わかりやすい動き、動かしやすい動きを促します。

⑤ 手の甲をこする

　手の甲をこする際は、「手をくるっとひっくり返すよ」と手の甲を上にして、左右どちらも忘れずにこするように促します。「右手の次は左手だよ」といった声かけにより、左右の手を意識づけることもできます。

⑥ 指の間をこする

　指を開いたり閉じたりする動きができないと、指の間に指を挟むことが難しくなります。一本一本の指の間に指が入るように、はじめは介助者が手のかたちをつくっ

てあげます。指の間をこする動きは介助しにくいので、介助者が動きを見せながら、「にぎにぎしてね」「指の横をこするよ」と声かけします。

⑦ 親指をこする

　小さい子どもは親指の付け根の洗い残しが多いので、「お父さん指をきれいにしよう」と声かけし、しっかり握ってこするように促します。握る力が弱い場合は介助者が一緒に握り、「力を入れるよ」と力加減を伝えます。

⑧ 手首をこする

　子どもの手は小さいため、握った手首の反対側を洗い残してしまうことがあります。握られているほうの手をぐるぐる回して全体を洗うことができるように、手を添えて腕の動きを促したり、「ぐるぐるしっかり洗うよ」と声かけをしたりします。

⑨ 石鹸を流す

　泡の流し忘れがないよう、しっかり手元を見るように声かけします。指の間や手首に泡が残らないようにしましょう。

◎参考文献
1）大久保耕嗣：保育園における手洗い教室の実施と幼児の手洗い能力の評価. 環境感染誌 **28**：33-38, 2013
2）藤田藍津子, 他：足立区内保育所における手洗い指導における活動報告. 帝京科学大学紀要 **11**：195-199, 2015

3　顔を洗う

はじめに

　顔を洗う動作は立った姿勢で頭を前方に傾けるので、姿勢をしっかり保つ力が欠かせません。また、両手で水をすくう際には両手を協調させる力、目をつぶったまま顔全体をイメージする力が必要です。水が顔にかかっている間は息を止めているので、呼吸をコントロールする力も求められます。顔の感覚が敏感だと水がかかるのがストレスになったり、視界が遮られるので姿勢をうまく保てず怖いと感じたりすることがあります。小さい頃から顔の汚れをタオルで拭き取る習慣をつけ、お風呂で髪を洗う際にシャワーを頭からかけて目をつぶる練習や息を止める練習をするなど、顔を洗う動作に必要な力を育てることも大切です。「顔が汚れたまま外出すると周囲に不快な印象を与える」といったマナーを学ぶ機会にもなるので、小学校に入学する前くらいの発達段階になったら、毎朝顔を洗う習慣づけを意識しましょう。

知識編

◆環境設定

　顔を洗う動作は両手で行うため、立った姿勢が安定するように、足元に滑り止めマットを敷く、安定感のある滑りにくい足台を用意する、椅子に座って行わせるなどの工夫をしましょう。

　蛇口から流れる水を両手ですくうことが難しい場合は洗面器を用意します。はじめは両手で上手に水をすくうことができないので、周囲を濡らしてしまうことがあります。滑って転ばないように足元にマットを敷き、すぐに拭くことができるようにしておきます。

　濡れた感触が苦手な子どもの場合は、すぐに拭くことができるようにタオルを用意します。

◆介助のポイント

　顔を洗う動作は両手を協調させた動きが難しいので、水をすくう手のかたちや、顔のかたちに沿って手を動かす方向を伝えるようにします。また、タイミングよく目をつぶったり息を止めたりする必要があるので、事前に声をかけて目や鼻に水が入らないようにする

ことが大切です。

◆導入方法

　顔を洗う動作は、姿勢を保ちながら両手を一緒に動かすこと、目をつぶったまま顔のかたちに沿って手を動かすこと、水をこぼさないようにすることなど、一度に多くの力を発揮することが求められます。まずはタオルで顔を拭いたり、水を使わずに動きを繰り返し練習したりして、動作のイメージをつかむことが大切です。はじめは周囲を水で濡らしてしまうことが多いので、お風呂に入った際に練習するようにすると、介助者もゆっくり関わることができるかもしれません。

実践編

顔を洗う

① 洗面台の前に立つ

　子どもを洗面台の前に立たせます。姿勢が安定しない場合は、足元に滑り止めマットを敷き、介助者の体で支えるようにします。洗面台が子どもの胸よりも高いと、顔を水で流す際に水が腕をつたってこぼれることがあるので、足台で高さを調節します。

② 服の袖をまくる

　服の袖に指をかけるように声かけし、肘までしっかりまくるよう促します。介助者は子どもの前腕を支え、肘の内側が天井を見るような方向になるようにし、子どもが肘を伸ばしやすくします。袖をまくる際は服の素材によって力が必要な場合があるので、介助者は子どもの力に加えてもう少しでまくれる程度の力加減で、肩の方向に力をかけるように介助します。

③ ヘアバンドをつける

　頭からヘアバンドをかぶり、前髪や横髪を上げます。介助者はヘアバンドを両手で持つように促し（a）、「頭にかぶるよ」「ヘアバンドを上げるよ」と声をかけ、子どもがヘアバンドを動かしはじめたら、顔に沿って両手を上に動かすように介助します（b）。

④ 両手で水をすくう

　水を出し、水量を調節します（本章「1 水を出す」を参照）。介助者は子どもの両手の平を上に向けて、「指をそろえてね」「指を少し曲げて水をすくうよ」と、指をそろえて軽く曲げるように声かけします。子どもが両手をつけたまま指と指の間があかないように、介助者は子どもの手を包み込むように手を添えて、水をすくいます（a）。洗面器を使う場合も同じように手のかたちに気をつけます（b）。

⑤ 顔を水で流す

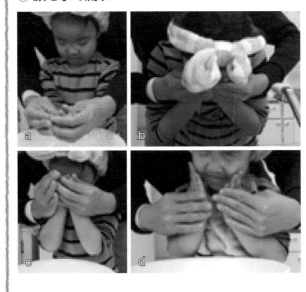

　「体を前に倒してね」「顔を前に出すよ」と声をかけて、介助者の胸で子どもの背中を軽く前下方に押さえ、前傾姿勢になるように促します（a）。姿勢を保ったまま、水をすくった子どもの両手を顔に近づけ（b）、「目をつぶってね」「息を止めるよ」と声をかけて顔につけます（c）。「顔を流すよ」と声かけして、顔に沿って両手を左右の頬まで広げます（d）。

　目をつぶったまま顔のかたちに沿って手を動かすことが難しい場

合、水を使わずに手の動きだけを練習します。

・・

⑥ 両目を水で流す

片手の指をそろえて軽く曲げるように声かけし、介助者が手を添えたまま水をすくいます（a）。⑤と同様に前傾姿勢になるように促し、片方ずつ目を水で流します（b）。手を顔に近づける際に「目をつぶってね」と声をかけて、目をつぶるタイミングを伝えます。

目をつぶったまま洗い流すことが難しい場合、水を使わずに手の動きだけを練習します。

COLUMN

感染症対策の工夫　家庭編①

◆手洗い・うがい・足洗い

　保育園や幼稚園、学校から帰ってきた子どもに手洗い・うがいを実践させている家庭は多いと思いますが、足は洗っていますか？　保育園や幼稚園では裸足で過ごすことも多いと思いますし、小学校でも靴を履き替える際に、靴下のまま玄関に足をつくこともあると思います。帰ってからの足洗いは屋外の菌やウイルスを家庭内に持ち込むことを防ぐので、風邪対策としてもおすすめです。併せて、帰ってからすぐに服を着替えるか、お風呂に入るスケジュールにするなど、服や髪についた菌やウイルスを家庭内に持ち込むことも防げるとよいですね。まずは大人が率先してやってみせ、子どもたちの清潔を保つ意識を育てていきます。

4　歯磨き

はじめに

　歯磨き動作には、姿勢を安定させる力、腕から手首を動かす力、歯ブラシをしっかりつかむ指先の力など、運動の発達が大きく関係しています。また、見て確認をすることが難しい口の中で歯ブラシを動かすためには、口の中のイメージができていること、口周りや口の中を触られるのに慣れていることなども大切です。すべての歯にブラシを当てるためには、歯磨き動作の手順を覚えて磨き残しがないか確認しながら進める認知の発達が関わってきます。なかなか気持ちが歯磨きに向かない子どももおり、介助者が磨いてしまうために動作が身につかない、なかなか習慣化しないこともあります。手の運動の発達に合わせて握りやすい歯ブラシを用意し、子どもが自分で歯磨き動作を行うことができるように介助することが大切です。

知識編

◆環境設定

　歯ブラシを歯に当てて動かす際に頭がふらふら動いてしまうと、しっかり磨くことができません。立った姿勢が安定しない場合は、椅子に座らせて姿勢を安定させ、頭が動かないよう背もたれや壁に寄りかかることができるようにしましょう。

　口の中のイメージができておらず歯ブラシを当てる方向がわからないときは、鏡を用意して、口の中を目で見て確認できるようにします。

　歯磨き動作の手順をイラストや動画、アプリを使って示すと、手順を確認したり覚えたりするのに役立つことがあります。

◆介助のポイント

　歯ブラシを握る手や顔、口周りに触れられることが多くなるので、感覚過敏がある場合は触れられることに慣れておく必要があります。介助者は毎日の食事の時間や顔を拭く際に顔や口周りに触れるようにすること、歯ブラシを導入する際は痛みを感じないように注意深くスタートすることが大切です。

　歯磨き動作は手順が多いので、イラストや動画、アプリで手順を示したり、声かけをし

て次の動作を促したりします。子どもの歯磨き動作に合わせて、しっかり歯にブラシが当たるように手首を反らせる / 曲げる動きを介助します。

◆導入方法

　歯が生える前は、濡らしたガーゼを指に巻いて介助者が歯茎をやさしくなでるようにします。歯が生えはじめたら乳幼児用の歯ブラシで介助者が歯を磨き、1歳半くらいからは、子どもが介助者の膝枕で仰向けに寝て自分で歯ブラシを動かすことで、口の中のイメージを育てていきます。2歳くらいからは、座った姿勢で鏡を見ながら自分で歯ブラシを動かし、歯にブラシが当たるように練習していきます。

実践編

歯磨き

---

① 洗面台の前に立つ / 椅子に座る

　子どもを洗面台の前に立たせます。姿勢が安定しない場合は洗面台の縁をつかむように促し、介助者は背中〜骨盤の周りに手を添えて、前下方（おへその方向）へやさしく支えるようにします。椅子に座って背もたれにもたれることでも姿勢が安定し、頭を固定しやすくなります。

---

② 右手で歯ブラシを持つ

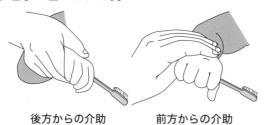

後方からの介助　　　前方からの介助

　手の運動の発達に合わせて握り方を変えます。普段スプーンやフォークを上から握り込んでいる場合は、歯ブラシも同じように持たせます。しっかり持つことが難しく介助が必要な場合、後方からの介助では、介助者の人差し指を歯ブラシの柄と一緒に握らせます。前方からの介助では、介助者の親指を歯ブラシの柄と一緒に握らせます。

　普段スプーンやフォークを三指握り（**付録1**を参照）で持っている場合は、歯ブラシも同じように持たせます。しっかり持つことが難しく介助が必要な場合、子どもの

指の上に同じように指を重ねて支えます。

・・・

③ 左側の下奥歯を磨く

　歯ブラシを持つ手（右手）の反対側（左側）の下奥歯を磨きます。介助者は歯の上側、裏面、表面に歯ブラシを当てる動きを促します。

　「歯の上を磨くよ」と声をかけて、1本ずつ、5秒または10回など回数を決めて歯ブラシを動かします。介助者は手首を支え、肘の動きを促します。肘を大きく動かしすぎてしまうことがあるので、ブラシが歯に当たっている様子を鏡で見て確認しながら小さく動かすように促します。

　裏面を磨く際は「歯の裏を磨くよ」と声をかけて、手首を反らせる動きを促します（a）。表面を磨く際は「歯の表を磨くよ」と声をかけて、手首を曲げる動きを促します（b）。

・・・

④ 右側の下奥歯を磨く

　歯ブラシを持つ手（右手）と同側（右側）の下奥歯を磨きます。③と同様に進めますが、裏面を磨く際は手首を曲げる動きを促し、表面を磨く際は手首を反らせる動きを促します。

・・・

⑤ 左側の上奥歯 / 右側の上奥歯を磨く

　歯ブラシを持ち直してブラシが上を向くようにし、歯ブラシを持つ手（右手）の反対側（左側）の上奥歯を磨く際は④と同様に、歯ブラシを持つ手（右手）と同側（右側）の上奥歯を磨く際は③と同様に進めます。

・・・

⑥ 前歯の表を磨く

　前歯の表を磨く際は手首を軽く反らせる動きを促します。介助者は「小さく動かすよ」と声をかけて、歯ブラシを横にして歯と歯茎の間にブラシを当てて、手首を固定し腕を小さく横に動かします。また歯の表面にブラシを当てて、

手首を親指側、小指側に曲げ伸ばしします。子どもの動きに合わせて、腕を動かす方向や手首を動かす方向に力をかけながら、大きく動かしすぎないようにコントロールします。

⑦ 前歯の裏を磨く

前歯の裏を磨く際は歯ブラシがまっすぐ口に入るように持ち直します。介助者は「小さく動かすよ」と声をかけて、1本ずつブラシを当てていきます。手首を固定し腕を小さく前後に動かします。

HINT

頭の固定

歯ブラシの動きに合わせて頭が動いてしまうと、しっかり磨くことができません。姿勢が安定しない場合は、背中や腕を横から支えたり頬や下顎に手を添えたりして、動かないようにします。

力のコントロール

歯ブラシを歯に強く当てすぎると、歯茎や歯の表面を傷めてしまうことがあります。口の中のイメージができていない子どもや力のコントロールがうまくできない子どもは、歯ブラシを大きく力強く動かしてしまうことがあるので、「小さく、やさしく動かそう」と声をかけます。また、歯ブラシを当てる強さや場所を確認するのに、子どもの爪を歯に見立てて練習する方法もあります。爪の付け根にブラシを当てて、力加減を伝えます。年齢に合った歯ブラシを選ぶことが大切です。

◎参考文献

1) 鈴木善子，他：小児の歯磨き能力と基本的生活習慣との関連性．小児歯科学雑誌　29：420-427，1991
2) 太田篤志，他：いわゆる動く重症心身障害児（者）に見られる歯磨き場面での問題行動について口腔過敏を示した症例に対する歯磨き指導を通して．長崎大学医療技術短期大学部紀要 8：39-44，1995
3) 東京都保健所：障害者のための8020生活実践プログラム（基礎編）歯みがきサポートシート．障害者歯科保健医療対策マニュアル，p4，2005

5　うがい

はじめに

　うがいを練習することで、口腔内の衛生を保ち虫歯予防・風邪予防を意識づけるきっかけや、外出前や人と関わる際のエチケットを学ぶ機会となります。口の中に水をためてぶくぶく動かす「ぶくぶくうがい」は、3〜4歳で多くの子どもができるようになります。のどの奥に水をためてがらがら動かす「がらがらうがい」は、4〜5歳で多くの子どもができるようになります。ことばを理解して水を飲み込まずに口の中やのどの奥にためておくことや、頬や舌の筋肉を思いどおりに動かすことなど、うがいに必要な力を育てながら練習していきましょう。

知識編

◆環境設定

　うがい動作ではコップで水を口の中に入れます。離乳食が始まったら、スプーンで水分をとる練習や、コップで水を飲む練習をしましょう。

　歯が生えて歯磨きを始めると、口の周りを触ったり歯ブラシで口の中を刺激したりすることで、口の周りや口の中のイメージが育ってきます。歯磨き中に唾液がたまってきたら、「ペッしてみよう」と口の中から吐き出す動作を促すことで、うがいの練習につながります。

　離乳食を卒業し幼児食になってきたら、口に水を含まずに空気で「ぶくぶくうがい」の練習をします。「にらめっこあそび」などでいろいろな表情をつくり、頬に空気をためたり、ふーっと吐き出したりしてみましょう。「がらがらうがい」は口に水を含まずに、顔を上に向けて「がー」と声を出すことで練習できます。

◆介助のポイント

　子どもはコップで口の中に水を入れる際、すぐに口から吐き出さないように顔を上に向けてしまうことがあります。顔を上に向けて首が伸びた状態になるとむせることがあるので、顔は正面に向けたままで口の中に水を入れるように促します。

　また、姿勢が安定するように足元に滑り止めマットを敷いたり、洗面台の縁をつかむよ

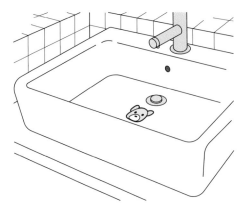

図　洗面台にシールを貼って目印にするとよい

うに促したりします。立った姿勢が不安定な場合は、椅子に座って行わせるようにしましょう。

◆導入方法

　口から水を吐き出す際に衣服が濡れてしまうことがあるので、エプロンやタオルを胸に当てておきます。また、洗面台に貼ったシールを目印にして、下を向いて水を吐き出すように促す方法もあります（図）。

実践編

うがい

① 洗面台の前に立つ

　子どもを洗面台の前に立たせます。姿勢が安定しない場合は洗面台の縁をつかむように促し、介助者は背中〜骨盤の周りに手を添えて、前下方（おへその方向）へやさしく支えるようにします。洗面台が子どもの胸よりも高いと、洗面台の中に水を吐き出しにくいので、足台で高さを調節します。

② 口の中に水を入れる

　たくさんの水を口の中に入れてしまうと、口からあふれてうまくうがいができません。介助者は手を添えてコップの傾け具合を調整するようにします。また、顔が上を向かないように声をかけたり、必要であれば頭の後ろに手を添えたりします。

　口の中に水を入れる前に「ためておいてね」「ごっくんしないでね」といった声をかけます。

- -

③ 口の中の水を一度吐き出す

　口の中の汚れや菌を洗い流すために、そのまま、口の中にためた水を一度吐き出すように促します。口の中に水をためて吐き出す練習にもなります。

- -

④ ぶくぶく・がらがらする

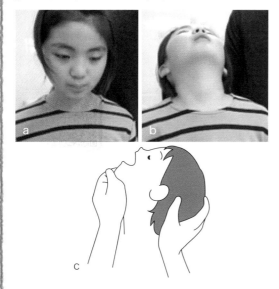

　「ぶくぶくうがい」のときは、左右の頬に順番に水をためるようにします（a）。「口を閉じていてね」と声をかけてから口の中に水を入れ、鏡を見ながら左右の頬を同時に動かしたり、水を左右に動かしたりするように促します。うまく動かせていないときは、介助者が左右の頬を順番に触り、「こっちに水をためて、次はこっちだよ」と声をかけます。

　「がらがらうがい」のときは、口の中に水を入れたまま顔を上に向け、「がー」と声を出すように促します（b）。顔を上に向けることが難しい場合は、あごに手を添えて動きを軽く促します。また、顔を上に向けすぎて体が反ってしまう場合は、頭の後ろに手を添えておきます（c）。顔を上に向けることでむせてしまう場合は、無理に行わず、ぶくぶくうがいにとどめます。

⑤ 口から水を出す

　口から水を出すときは、介助者が姿勢を支えている手で軽く背中を押して、体を前に倒すように促します。そのとき、「下を向いてね」「ここに向かって水を出すよ」と水を出す場所を教えます。下を向いたら、介助者が「ベー」と声を出して、水を口から出すタイミングを伝えます。

◎参考文献

日本歯科医師会：母子健康手帳活用ガイド. pp3-4, 2012

感染症対策の工夫　家庭編②

◆ティッシュ・ハンカチ・ペーパータオル

　移動ポケットにティッシュやハンカチを入れて持ち歩いている子どもも多いと思いますが、ポケットからの出し入れはスムーズにできていますか？　出し入れが難しいと、鼻水が出たときに手で拭いてしまったり、手を洗ったときにハンカチではなく服で拭いてしまったりすることがあります。また、保育園・幼稚園や学校も含め外出先のトイレでは、手を拭くためのペーパータオルが設置されていることがありますが、濡れた手でもペーパータオルを取り出して手を拭くことができていますか？　一度、ティッシュ・ハンカチ・ペーパータオルをスムーズに使うことができるか、チェックしてみましょう。ハンカチは貸し借りせずに個別のものを使用するようにします。衛生面からは使いきりのペーパータオルの使用が推奨されていますので、家庭内でも布類の共有は避けましょう。

6　鼻をかむ

はじめに

　鼻水に含まれる病原菌は中耳炎の原因となることもあり、健康管理の点からも鼻をかむ動作を身につけることは大切です。鼻をかむためには、鼻から意図的に息を吐き出す必要があります。呼吸は目に見えないため、口を閉じて鼻から息を吐き出す練習をしなければ、なかなか身につけることができません。そのため、1歳前後で鼻をかむことができる子どももいれば、小学校入学前くらいまでできない子どももいます。

　また鼻をかむ動作では、片方の鼻の穴を押さえ、口を閉じて、もう片方の鼻の穴から息を吐くという複数の動作を同時に行うので、顔の動きにしっかり注意を向ける力が必要です。

　ティッシュが顔につく感覚が苦手な子どもの場合は、ガーゼやハンカチで練習させるなど、ストレスを軽減して鼻をかむ動作を行うことができるように介助することが大切です。

知識編

◆環境設定

　鼻をかむ動作は日常生活のさまざまな場面で行われるので、座った姿勢でも立った姿勢でもできるようになる必要があります。まずは安定した姿勢で手元の動きや顔の動き、息を吐くことに集中できるように、座った姿勢で練習させます。

　ティッシュの感覚が苦手な子どもの場合は、ガーゼやハンカチなど顔に触れても刺激にならない素材のものを用意するか、まずは手だけで動作を練習させます。

◆介助のポイント

　ティッシュを取り出して半分に折りたたむ動作は、両手を協調させ、力をコントロールしてそっと動かす必要のある難しい動きです。鼻をかむ動作だけでなく、ティッシュを折りたたむ動作も忘れずに練習させましょう。

　ティッシュを鼻に当てて片方の穴を押さえたり、最後に鼻の下を拭き取ったりする動作は、目で見て確認することが難しいので、鏡を見て確認しながら練習すると理解しやすくなります。

図　鼻から息を吐く練習
a：丸めたティッシュを吹き飛ばす，b：笛を吹く

◆導入方法

　はじめに「鼻からフンと息を吐くよ」という声かけを理解できるくらいの発達段階であるかの確認が必要です。鼻から息を吐くことが難しい場合は、口を閉じて片方の鼻の穴を指で押さえ、もう片方の鼻の穴からフンと息を吐いてティッシュを吹き飛ばす遊びや、同様にして笛を鳴らす遊びなどで練習します（**図**）。

実践編

鼻をかむ

① ティッシュを折りたたむ

　座った姿勢でティッシュを取り出し、半分に折りたたみます。はじめはテーブルの上にティッシュを広げて折るようにすると取り組みやすくなります。このとき、ティッシュが汚れないようにテーブルをきれいに拭いておきます。介助者は「半分に折るよ」「破かないようにそっと折ろうね」と、力のコントロールを意識できるように声をかけます。ティッシュを持つ手を支え、手首を軽く返してティッシュを前方に一度振ってからテーブルに広げ（a）、半分に折りたたむ動きを促します（b）。

② ティッシュを鼻に当てる

ティッシュを両手で持ち、顔に当てます。介助者は「落とさないように気をつけてね」と、ティッシュを顔につけたままにしておくように声をかけ、片手ずつ動かしてティッシュの上から鼻に手を添えさせます（a）。このとき、人差し指を伸ばして鼻の穴の横に当てるように、「人差し指で押さえるよ」と声をかけます（b）。

③ 片方の鼻の穴を押さえて息を吐く

片方ずつ鼻の穴を押さえて息を吐きます。介助者は「左の鼻を押さえるよ」と声をかけ、人差し指を子どもの人差し指に添え、子どもが指で鼻の穴を押さえる動きを促します（a）。しっかり押さえたら、「フンと鼻から息を出してね」と息を吐くタイミングを伝えます。もう片方も同様に行います（b）。鼻水の量によって一連の動作を複数回行うようにします。

④ 鼻をつまんでティッシュをはずす

鼻をつまむように両手を動かして、鼻水を拭き取ります。介助者は「鼻をつまんで鼻水を拭くよ」「ぎゅっとつまんでね」と声をかけ、しっかり鼻水を拭き取るように介助します。鼻をつまむ動作とティッシュを鼻からはずす動作を同時に行うため、介助者は両方の人差し指を合わせるように力をかけながら前下方に手を動かすよう促します。

⑤ 鼻の下を拭く

　ティッシュを鼻の下に当てて横に動かし、鼻の下についた鼻水を拭き取ります。鼻の下にティッシュを当てる動作とティッシュを横に動かす動作を同時に行うため、介助者は鼻の下と鼻の穴の方向に力をかけながら手を左右に動かすように促します。「きれいになるまで拭いてね」と声をかけ、きれいになったかどうかを最後に鏡で確認させるようにします。

◎参考文献

1）古内真希, 他：未就学児の鼻かみの現状. 日本看護学会論文集 小児看護　**42**：161-163, 2012
2）飯倉淑子, 他：幼児の鼻かみの現状と親の意識. 日本看護学会論文集 小児看護　**29**：101-103, 1998
3）角井都美子, 他：鼻かみに必要な息のコントロールの習得過程―幼少保育園児らへのことり笛を用いた介入を通じて. 聖セシリア女子短期大学紀要　**39**：1-12, 2014

7 マスクをつける

はじめに

　マスクは小学校に入学すると給食当番を行う際に使用するので、当番の役割を果たすうえでも、また感染症を予防するうえでも、正しくマスクをつけるスキルは大切です。正しくマスクをつけるためには、裏表や上下を理解して確認することができる認知の発達が関わってきます。マスクのゴムを耳にかける際には、目で見て確認することができない耳の位置をイメージし、指先の力をコントロールして協調的に動かす運動の発達が関わってきます。小さい頃はマスクをつける機会が少ないかもしれませんが、介助者がいつもつけてしまうと動作が身につかないことがあります。手の運動の発達に合わせて、子どもが自分でマスクをつける動作を行えるように介助することが大切です。

　また、子どもによってはマスクで口や鼻を覆うと息苦しさを感じたり、普段触り慣れていない耳にゴムがかかる感触を嫌がったりする場合があるので、マスクは子どもが使いやすいものを選びましょう。

知識編

◆環境設定

　マスクをつける動作は日常生活のさまざまな場面で行われるので、座った姿勢でも立った姿勢でもできるようになる必要があります。まずは安定した姿勢で手元の動きに集中することができるように、座った姿勢で練習させます。

　マスクで息苦しさを感じる場合は、使い捨ての薄手のマスクやガーゼ地のマスクなど、子どもがストレスを感じない素材のものを用意します。耳にかけるゴムの感触を嫌がる場合は、ゴムの素材や太さ、伸び具合を確かめて、子どもが使いやすいものを選びます。

◆介助のポイント

　正しくマスクをつけるためには、はじめにマスクの裏表や上下をしっかり確認することが大切です。無地のマスクだと確認が難しいので、印をつけるか、イラストのついたマスクを用意するなど、発達段階に合わせて対応します。マスクのゴムを耳にかける動作は、指先の力をコントロールして協調させる難しい動きです。鏡を見ながら練習し、耳の位置

やかたちに合わせて指先を動かすことに注意を向けやすくしましょう。

◆導入方法

　はじめに鏡を見ながら鼻、口、耳を手で触って位置を確認します。また、耳の後ろを触ってゴムをかける場所を確認します。髪が長くて耳が隠れている場合は、耳にかけたりしばったりして耳が出るようにしましょう。

実践編

マスクをつける

---

① 耳の位置、ゴムをかける場所を確認する

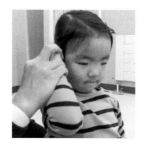

　座った姿勢で鏡を見ながら鼻、口、耳の位置、耳の後ろのゴムをかける場所を触って確認します。介助者は、耳の後ろを指先でなぞるように手を耳の前から後ろに動かすよう促します。

---

② マスクを顔に当てる

a
b
c

　マスクの裏表と上下が正しいことを確認してから持ち上げ、鼻と口を覆うように顔に当てます（a〜c）。介助者は「マスクを押さえていてね」と声をかけ、マスクの中央を片手で押さえるよう促します。

③ マスクの中央を押さえたままゴムを引っ張る

マスクの中央を片手で押さえたまま、もう片方の手でマスクのゴムをつまみます（a〜c）。つまみ続けられない場合は、介助者が子どもの指の上から一緒につまみます。つまんでいられる場合は、手首から動きを誘導します。「マスクを押さえたままゴムを引っ張るよ」と両手の動かし方を伝えます。

④ ゴムを耳にかける

介助者はゴムをかける場所を指差したり触ったりして子どもに伝えます（a）。耳元までゴムを引っ張り、はじめに耳の位置を確認するために耳の後ろを触ったように、ゴムを前から後ろにかけさせます（b）。最初は「鏡を見てね」と見ながら練習させ（c）、子どもが動作に慣れてきたら指先で耳の位置を確認して行うように促します。

⑤ マスクの位置を確認する

両方の耳にゴムをかけたら、鏡を見て鼻と口がしっかり覆われているか確認します。介助者は「鼻と口は隠れているかな」と声をかけ、自分で出来栄えを確認するように促します。

8　ドライヤーを使う

はじめに

　ドライヤーで髪の毛を乾かすためには、まずタオルで水分を拭き取っておくことが重要です。水滴が髪の毛から滴り落ちるような状態ではドライヤーを使用する時間が長くなるので、事前に、タオルで頭皮や髪の毛をしっかりと乾かす「タオルドライ」をしておきましょう。本項では、ドライヤーの使い方についてご紹介します。

　ドライヤーを使う際には、頭とドライヤーとの距離を適切に保つ必要があります。頭は球体であり、前面の鏡を使っても目で見て確認できない部分がありますので、まずは頭の位置やかたちを理解しておくこと、そして頭には前頭部（前）、後頭部（後ろ）、側頭部（左右）、頭頂（てっぺん）があると知っておくことが大切です。後頸部（うなじ）や耳の後ろの場所も視覚的に確認することが難しいため、一つずつ教えていきましょう。タオルで頭皮を乾かす動作では頭に直接手で触れるため、頭のかたちを触りながら理解することができます。頭のかたち、耳の位置や奥行きといった視空間認知は、第2章の「着替え動作」とも関連します。ドライヤーを使用する前から、着替え、洗髪、タオルドライなどの練習を子どもが一人でできるように進めておくとよいでしょう。

　また、髪の毛を乾かす際には、腕を肩より上の位置で操作する必要があることから、腕の重さを支える筋力が必要になります。まずはタオルドライをしながら、腕を肩より上の位置に一定時間保って操作できる筋力をつけましょう。腕を支えるためには、腕そのものの筋力よりも、肩甲骨周りの筋力を鍛えることが重要です。日頃より手押しぐるまや相撲ごっこなどに取り組むとよいでしょう。

　一般に、多くのドライヤーは温風と冷風、風量の切り替えが可能です。温風では早く乾きますが、熱傷を起こす恐れもあります。はじめは風量を「弱」に切り替えるか、寒くない場合は冷風で乾かす練習をしましょう。

知識編

◆環境設定

　髪の毛を乾かす際は、洗面台の前など鏡がある場所で行い、子どもが視覚的に頭を確認

できるようにしましょう。立ったままでの姿勢の保持が難しい場合は、座って行うことも有効です。その場合は椅子とテーブルを用意し、少し大きめの置き型の鏡を用いるようにしましょう。

　ドライヤーには一般的な送風タイプのほかに、くるくるドライヤー、ヘアアイロン、業務用ドライヤーなどがありますが、送風タイプのものを準備します。大きすぎたり重すぎたりすると、子どもが持って操作することが難しくなりますので、子どもが扱いやすいもので練習しましょう。

　また、ドライヤーの操作は両手で別々の動きをすることが求められるなど難易度が高いため、両手での別々の操作が困難な場合には、置き型ドライヤー（ハンズフリードライヤー）などの導入も検討するとよいでしょう。いずれにしても、洗髪と同じ要領で髪の毛を指でとかしながら、風を送って乾かしていく動作には、練習が必要です。

◆介助のポイント

　ドライヤーで髪の毛を乾かすためには、頭とドライヤーとの距離を適切に保つことが何よりも重要です。そのため、ドライヤーの角度や向きを頭に合わせて調整する必要があります。はじめは、ドライヤーの操作は介助者が行い、子どもは髪の毛を指でとかしながら頭皮や髪の毛に風を送り、乾かす練習から始めましょう。それができるようになったら、次はドライヤーを操作する練習を利き手で行いましょう。ドライヤーを操作する前から、頭皮に合わせて指で髪の毛をとかすことは基本的に非利き手で行えるように、練習しておくとよいでしょう。

　また、ドライヤーの操作では、腕を肩より上の位置で動かします。そして球体である頭に合わせてドライヤーの角度を調整するため、腕を大きく動かします。介助者は子どもの腕を肩から大きく動かすように意識して介助しましょう。後頭部や側頭部を乾かす際には、顔の向きを調整すると行いやすくなります。

◆導入方法

　子どもがドライヤーの音や風を嫌がる場合には、無理にドライヤーを使用するのはやめましょう。その場合には、タオルでしっかり拭くようにします。ドライヤーは、髪の毛が乾くということを子どもが理解できるようになったら使用するとよいでしょう。また、自分ではなく人形で試したり、濡れた衣類を乾かしたりするのも、ドライヤーに対する不安を取り除くにはよいでしょう。

ドライヤーを使う
片手の場合（介助者がドライヤーを操作）

① 子どもは椅子に座り、介助者は後ろに立つ

子どもを椅子に座らせて、介助者はその後ろに立ちます。子どもが小さい場合には、介助者の膝の上に子どもを座らせてもよいでしょう。

② 介助者はドライヤーを持ち、子どもは手を頭頂部に持っていく

介助者は右手でドライヤーを持ち、左手で子どもの左手首を持ちます（a）。子どもに猫の手のように左手のすべての指を少し曲げるよう伝え、介助者は子どもの左手首を固定しながら指を曲げた状態を保ちます。そのまま子どもの腕を上に上げるように介助し、頭頂部を触らせます（b）。

③ 場所を確認しながら、頭頂部→前頭部→左横の髪の毛を乾かす

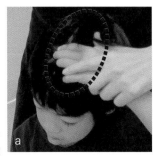

介助者は子どもの左手首を固定しながら、頭頂部から手を上下に一緒に動かして、頭頂部（a）→前頭部（b）→左側頭部（左横；c）の髪の毛を順番に乾かします。

④ 右横の髪の毛を乾かす

介助者はドライヤーを左手に持ち替えて、今度は右手で子どもの右手を介助します。左手と同様に、右手も子どもに猫の手のように指を軽く曲げさせます（a）。介助者は子どもの右手首を持って固定しながら、頭頂部から手を上下に一緒に動かして（b）、右側頭部（右横）の髪の毛を乾かします。

⑤ うつむき加減で後頭部の髪の毛を乾かす

介助者は子どもに少し下を向いてうつむき加減になるように伝えます。介助者は介助している子どもの右手をそのまま頭の後ろに持っていき（a）、頭頂部から手を上下に一緒に動かして、後頭部の髪の毛を乾かします（b）。

① 椅子に座り、右手でドライヤーを持って、スイッチを入れる

　子どもを椅子に座らせて、介助者はその後ろに立ちます。子どもが小さい場合には、介助者の膝の上に子どもを座らせてもよいでしょう。次に介助者は子どもの右手にドライヤーを持たせます。一緒にドライヤーのスイッチを入れ、ドライヤーを握っている子どもの手の上からホールドして固定します。

② 左手を頭頂部に持っていく

　子どもに猫の手のように左手の指を少し曲げるよう伝え、介助者は子どもの左手首を持って固定しながら、指を曲げた状態を保ちます。そのまま子どもの腕を上に上げるように介助し、頭頂部を触らせます。

③ 右手でドライヤーを動かして、左手で髪の毛を乾かす

　介助者は子どもの左手首を固定しながら、頭頂部から手を上下に一緒に動かします。子どもの右手に持たせたドライヤーの風が左手でとかす部分に当たるように、介助者が一緒にドライヤーの角度を変えていきます。

・頭頂部：両肘を肩より上に上げ、頭の上からドライヤーの風

を当てます（a）。

・前頭部：右腕を動かして前方少し右上からドライヤーの風を当てます（b）。

・左側頭部（左横）：右腕を肩から正中線を越えて左側に大きく回します。子どもの顔を少し右に向かせるようにするとよいでしょう（c）。

・右側頭部（右横）：左腕を肩から大きく頭の上を通して右側頭部に回します。右手のドライヤーで、耳に直接風が入らないように少し上から風を当てます（d）。左腕は、正中線を越えて顔の前を通って右側頭部に回してもよいでしょう。この場合は、子どもの顔を少し左に向かせるようにします。

・後頭部：頭を少しうつむき加減にさせ、両手は肩より上に上げ、後ろからではなく上や横から風を当てます（e）。

④ ドライヤーのスイッチを切る

ドライヤーを介助者が左手で持ち、固定します。子どもの右の親指の上を介助者がアシストしながら、一緒にスイッチを切ります。

9　髪をとかす

はじめに

　髪をとかす動作は、頭のかたちに合わせてブラシや櫛をあてがう作業です。頭は球体であり、前面の鏡を使っても目で見て確認できない部分を含みます。前項でも述べたように、まずは頭の位置やかたちを理解しておくこと、そして頭には前後左右と頭頂（てっぺん）があると知っておくことが大切です。後頸部（うなじ）や耳の後ろの場所も教えていきましょう。また、髪をとかす動作には、球体である頭のかたちに合わせ、手首や指の滑らかな動きを伴ってブラシ・櫛を操作することも必要となります。

　外出する際に、顔を洗う、シャツの裾をしまうのと同じように、髪型も含めた身だしなみを整えておくことは重要です。髪に寝ぐせがあるのとないのとでは、特に社会人になったときに、相手に与える印象が変わります。小学校に入学する前くらいの発達段階になったら、身だしなみを整える習慣づくりをしましょう。

知識編

◆環境設定

　まずは、洗面台の前など鏡がある場所で、子どもが視覚的に頭を確認できるようにして練習しましょう。また、柄が子どもの手の平に収まる太さの、比較的軽いブラシか櫛を用意しましょう。ブラシは構造上、柄を握って頭に当てるだけで、櫛に比べて毛が幅広く頭皮に当たります。櫛は頭の丸みに合わせて手首を操作し、歯先の角度を調整する必要があるため、難易度が高くなります。はじめはブラシから練習するとよいでしょう。

　立ったままでの姿勢の保持が難しい場合は、座って行うことも有効ですので、椅子とテーブルを用意し、顔全体が映る置き型の鏡を用いて練習しましょう。ブラシや櫛が頭皮に当たる感覚が苦手な子どもの場合は、手櫛でとかすところからスタートします。力のコントロールが苦手な子どもの場合には、毛質がやわらかいブラシを準備しておきましょう。

◆介助のポイント

　髪をとかすには、力を加減しながら手首や指を使い、頭の複雑なかたちに合わせてブラシ・櫛の角度を調整することが必要です。まずは子どもが一人で頭を洗う、髪を乾かすと

ころから練習を始め、頭のかたちに合わせて手を操作することに慣れさせましょう。また、手を交差させることが難しい場合には、右側は右手で、左側は左手で行わせるようにします。

髪が肩よりも長い場合は、頭皮の部分と毛先の部分で2回に分けてとかす練習をするとよいでしょう。

◆導入方法

身だしなみへの意識づけは、毎朝、鏡を見るところからスタートしましょう。また、お風呂に入って髪を洗う際にブラシを使ってみると、泡立つことにより子どもは楽しくブラッシングにチャレンジできます。朝よりも時間をかけて取り組めるかもしれません。

実践編

髪をとかす
櫛を使う場合

---

① 鏡の前に座り、右手で櫛を持って前髪を揃える

鏡の前に子どもを座らせ、介助者は後ろに立ちます。子どもの右手に櫛を持たせて、介助者は子どもの手の甲の上からホールドします。手首が動きやすい場合は、手首もホールドし固定します（a）。

頭頂部から頭の丸みに合わせて、頭髪から歯先が離れないように櫛を顔面方向になでおろします（b）。櫛を少しずつ左右にずらし、とかしていきます。

---

② 右側の横髪を整える

次に櫛の先端の向きを後方に変えますが、子どもの肩を回すようにし、手首をひねりすぎないように注意しましょう（a）。頭頂部から、頭の丸みに合わせて櫛を耳の上までなでおろします（b）。そのまま櫛を少しずつ耳の後ろ側にずらし、とかしていきます。

③ 左側の横髪を整える

次に、右手に持った櫛の向きはそのままで、左側に子どもの腕を肩から大きく回します(a)。そのまま左側の頭頂部から、頭の丸みに合わせて櫛を耳の上までなでおろします（b）。そのまま櫛を少しずつ耳の後ろ側にずらしていきます。

④ 後頭部（後ろ）の髪を整える

 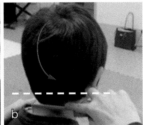

最後に、後頭部（後ろ）に子どもの腕を回します(a)。そのまま頭頂部から、櫛を後頸部（うなじ）までなでおろします（b）。このとき、櫛が後頸部にかかることをくすぐったがる子どもの場合は、生え際までのブラッシングにしましょう。

HINT

①触って教える、②櫛の向きに注意する

　後頭部や左右の耳の後ろ側など、鏡で見ても視覚的に確認しにくい部分は、介助者が整える部分を触って場所を伝えましょう。子どもに自分で頭を触らせ、位置を確認させてから行うのもよいでしょう。

　櫛は頭皮に対して約30度程度傾けて使用するため、頭の丸みに合わせて、歯先の角度を手首で常に調整し続ける必要があります。一方、ブラシは毛が幅広く頭皮に当たる構造であり、細かな調整はいりません。はじめはブラシを使うとよいでしょう。

10　髪をしばる

はじめに

　髪をとかし、清潔な印象を与えることは、社会的マナーのうえでは大切です。さらに髪が肩にかかる程度の長さであれば、進学先や働く業種によっては髪をまとめることが必要になります。

　髪をしばる動作は、後頭部の見えない部分を含めて髪の毛を束ね、さらに束ねた髪の毛を片手で持ちながら髪ゴムに通していく複雑な作業です。きれいに髪をしばるためには、先にブラシや櫛で髪をとかしておく必要があります（本章「9　髪をとかす」を参照）。とかした髪をしばる際には、後頸部（うなじ）の辺りで髪の毛をかき集めるため、視覚的には確認できません。頭の位置やかたちを知っておくことが大切です。

　また髪ゴムでしばる際には、束になった髪の毛を左右の手で交互にゴムに通していくため、左右の手はそれぞれ別々の動きをする必要があります。

　現在は髪ゴム以外にバレッタやクリップなど、一つに集めた髪の毛を束ねる際にまとめやすいものも販売されています。また、髪の毛に絡まりにくいシリコン製の髪ゴムなども薬局等で販売されていますので、子どもの髪質や髪の量に合った、扱いやすいものを探してみましょう。

　髪をまとめる動作は、小学校の1～2年生程度の発達段階になったら練習してみるとよいでしょう。

知識編

◆環境設定

　まずは、洗面台の前など鏡がある場所で、子どもが視覚的に頭を確認できるようにして練習しましょう。立ったままでの姿勢の保持が難しい場合は、座って行うことも有効ですので、椅子とテーブルを用意し、顔全体が映る置き型の鏡を用いるようにしましょう。

　はじめは伸び縮みのしやすい髪ゴムやシュシュなどを準備するとよいでしょう。

◆介助のポイント

　髪をしばるためには、利き手と非利き手とで同じ動きをタイミングよく交互に行う（役

割の交換）必要があります。しかし、途中でこのタイミングがずれてしまうと、髪の毛が
バラバラになり、まとまりません。はじめは、非利き手で髪の毛を持ち、利き手で髪ゴム
を操作する練習からスタートしましょう。介助者が髪の毛を束ね、子どもは利き手で髪ゴ
ムを操作する練習のみからスタートするのもよいでしょう。

　また、後頭部など見えない部分で髪をしばる練習をするのは難しいため、正面から確認
しやすいように、子どもの利き手側に一つにまとめるところから始めましょう。

◆導入方法

　髪の毛を束ねながら髪ゴムでしばる動作を最初から並行して行うのは、手の力加減が難
しいかもしれません。まずは髪をしばる練習として、介助者が先に髪の毛をしばっておき、
その上から、やわらかく伸びる髪ゴムでしばるようにするとよいでしょう。髪ゴムは太く
て伸びがよいものを選びます。

実践編

髪をしばる

---

① 鏡の前に座り、左手の手首にゴムを通す

　鏡の前に子どもを座らせます。
介助者は子どもの右側（利き手側）
に立ちます。子どもに右手でゴム
を持たせ、左手首にゴムを通すよ
う促します（a）。ゴムを通しやす
いように、子どもの手首や腕を
持って支えましょう（b）。

---

② 右側の耳の辺りで髪の毛を束ねる

　次に、介助者は子どもの右腕の
肘と手を支え、後頭部から左の耳
の後ろまで肩を中心に子どもの腕
を回します（a）。指を子どもの指
にお椀のように重ね合わせて、首
の丸みに指を沿わせて後ろから前
に髪の毛を寄せ集め（b）、右手で

束ねて持つ動きを介助します（c）。

③ 右手でゴムを引っ張り、髪をゴムに通す

　介助者は束ねた髪の毛を左手に持ち替えるように介助し（a）、さらに、右手で左手首のゴムを手の甲から後方に引っ張って髪をゴムに通すよう促します（b）。このとき、子どもの両手を一度に放さないように、介助者は介助の手を放すタイミングに気をつけます。ゴムに髪が通ったら、ゴムの輪を広げ、右手の甲までゴムに通すように介助します（c）。

④ 左手でゴムを引っ張り、髪をゴムに通す

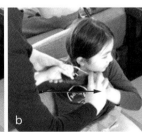

　介助者は束ねた髪の毛を右手に持ち替えるように介助し（a）、さらに、左手で右手のゴムを手の甲から前方に引っ張って髪をゴムに通すよう促します（b）。ゴムに髪が通ったら、ゴムの輪を広げ、左手の甲までゴムに通すように介助します（c）。

　束ねた髪の毛を持ち替えるときは必ず親指が天井を向くように、親指の向きに注意しましょう。

⑤ ③と④を繰り返す

　ゴムの長さや髪の量に合わせて、③と④とを繰り返します。はじめは大きな輪のゴムよりも、小さな輪のゴムを用いましょう。

- -

⑥ 髪の毛を両手で持ち、左右に引っ張ってゴムの位置を修正する

　最後にゴムの位置を修正します。子どもに両手で髪を2つに分けて持たせます（a）。2つの束になった髪の毛を、左右に同じ程度の力で引っ張らせます（b）。

HINT

利き手のみで行うようにしてもよい

　左右の手の入れ替えが困難なときは、介助者が子どもの非利き手にゴムを通し、子どもには利き手でゴムを引っ張って髪をゴムに通すところから行わせてもよいでしょう。

第2章
着替え動作

1　ボタンのつけはずし

はじめに

　ボタンをつけたりはずしたりできるようになると、着ることができる洋服のバリエーションが増えます。ボタンのつけはずしには、見えない部分まで洋服の構造を理解して、ボタンを操作する必要があります。したがって、まずはボタンの構造を理解するために、「はずす」ところから練習を始めるとよいでしょう。

　一般的に中学生になると、制服などでワイシャツを着る機会が増えます。また、ズボンやスカートにもボタンやホックがついているものが増え、逆にボタンやホックのないズボンやスカートは少なくなります。小学校に入学する前くらいの発達段階になったら、積極的にボタンのつけはずしを練習しましょう。

知識編

◆環境設定

　準備として、ボタンは少し厚みのある大きいもの、洋服は体より少し大きめのサイズで伸縮性のある素材のものを選びます。寝具（パジャマ）などが練習しやすいでしょう。

　ボタンの糸足（縫い糸に生地の厚み分の余裕をもたせた部分）が短い場合には、縫い直して長くしておくと、ボタンを引っ張りやすいので操作しやすくなります（図1）。またボタンホールの穴が見えにくい、ボタンと穴がずれてしまう場合には、ボタンをすべて異なる色にして、穴の周りにボタンと同じ色の布や糸を縫いつけると、ボタンとボタンホールが同じ色で対になるので、かけ違いを起こしにくくなります（図2）。

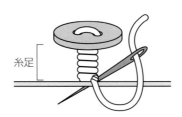

図1　糸足は長くしておくとよい

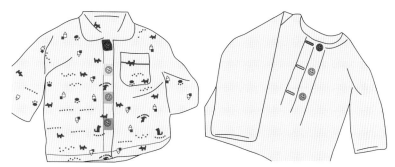

図2　ボタンとボタンホールを同じ色にしたパジャマ

　両手で細かな操作をするときには、姿勢が崩れるとうまくできません。はじめは子ども
が安定して姿勢を保てるように、椅子を使用してもよいでしょう。できるようになったら
洋服がよれないように、立ったまま行う練習を開始しましょう。じっと立っていることが
難しい場合には、壁に寄りかかりながら行うようにします。

◆介助のポイント

　ボタンのつけはずしをする際に、両手で行うことが難しい場合があります。その場合に
は、固定する手は介助者が子どもの手をホールドし、洋服の布の張りを保つように固定を
緩めないことがポイントです。

　ボタンをはずす際には、介助者は洋服の裾を引っ張り、ボタンが子どもに見えやすいよ
うにします。また洋服の布をピンと張っておくと、ボタンをはずしやすくなります。はじ
めは片手でボタンをつまむ動作のみ行わせ、次に、布を持って両手で行う練習もさせま
しょう。

　ボタンホールにボタンをかける際には、介助者がボタンホールを大きく広げて見えやす
くし、また穴の周りの布に適度に張りを持たせるように調整すると、子どもが穴にボタン
を通しやすくなります。

　スナップボタンの場合は、ボタンの大きさと硬さを確認しておきましょう。練習では小
さいもの・硬いものは避けます。介助する際には、ボタンの背を左右の親指の腹で押すよ
うに、子どもの指の上から支えます。両手の押す力が均等でないとボタンの凹凸がずれて
とめにくいため、左右どちらか一方を押してとめる練習からしてもよいでしょう。

◆導入方法

　ボタンのある洋服は、着替えたうえに、さらに時間を要します。子どもも介助者も時間
に余裕があるときに練習しましょう。トイレなど急を要する場面ではなく、人形にボタン
のある洋服を着せておく、カバンにボタンを一つつけておくなどし、洋服の着脱以外の場
面で練習するのもよいでしょう。また、お風呂に入るときなど、余裕がある時間を選びま
しょう。

　ボタンははずすところから練習し、はずせるようになったらつける練習をしましょう。

首に近い上のボタンは見えにくいため、はずす際にもつける際にも、見えやすい一番下の
ボタンから練習するとよいでしょう。またボタンをつける際には介助者が一番下のボタン
をつけておき、下から2番目のボタンをつけるところからスタートすると、すでに2枚の
布がボタンでとめられているため、ずれにくくなります。

実践編

ボタンホールからボタンをはずす
片手、ボタンホールが左側にある洋服の場合

① **介助者はボタンの周りの布を張り、ボタンを持ちやすいように浮かせる**

　子どもを椅子に座らせ、介助者
は子どもの前で膝立ちになりま
す。介助者はボタンを引っ張り、
ボタンの穴の下から指を入れて、
ボタンを浮き上がらせます（a）。
さらにボタンが子どもに見えやす
いように、布を張り、少し上向き
に傾けます（b）。

② **ボタンをつまむ**

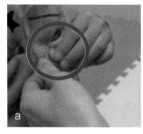
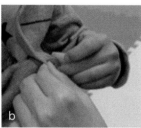

　ボタンホールが左側にある洋服
の場合は、子どもには左手で操作
させます。まず、ボタンを左手で
子どもにつまませます（a）。ボタ
ンをつまむ際には、親指と人差し
指、もしくは親指と中指でつまみ
ます（b）。

③ 子どもがつまんだボタンに合わせ、介助者が穴にボタンを通し、ボタンをはずす

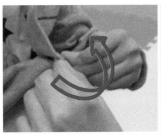

子どもにボタンを持たせたまま、介助者がボタンの穴にボタンを通すように布をめくり、ボタンをはずします。

ボタンホールからボタンをはずす
両手、ボタンホールが左側にある洋服の場合

① 右手でボタンホールのある側の布をつまむ

介助者は布の下側を持ち、布に張りを持たせます。子どもに右手でボタンホールのある側の布をつまませ、介助者は子どもの手の甲の上からホールドします（a）。このとき、さらに介助者は左手の人差し指でボタンを穴の下から押し上げ、ボタンを浮かせます（b）。

② 左手でボタンをつまむ

介助者は浮き上がったボタンをつまみ、子どもに左手でボタンをつまませます。

③ 介助者がボタンホールに誘導し、ボタンホールを広げ、穴にボタンを通す

子どもがボタンをつまんだら介助者は再度、布の下側を持ち、布に張りを持たせたままボタンホールにボタンを誘導し、ボタンをはずします。

HINT

一人でできるようになるために 1

片手動作・両手動作どちらの場合も、①で介助者がボタンを浮き上がらせるように介助することで、子どもがボタンをつまみやすくするだけでなく、介助者がボタンの動きを誘導してボタンを穴からずれないようにしています。こうすることで、子どもがボタンを穴に押し込むだけで成功するようにします。子どもが少しずつできるようになってきたら、介助者はボタンを介助せず、子どもが自分でボタンを持って穴に通す練習をしていきましょう。

ボタンホールにボタンをかける
ボタンホールが左側にある洋服の場合

① 介助者はボタンホールを広げて子どもに見せる

子どもを椅子に座らせ、介助者は子どもの前で膝立ちになります。はじめは介助者が一番下のボタンをかけておき、下から2番目のボタンから練習するとよいでしょう。介助者はボタンホールのある側の布を折り返し、布の裏側からボタンホールを大きく広げて、子どもに穴の位置を確認させます。

② 子どもは右手でボタンをつまみ、介助者がボタンホールに誘導する

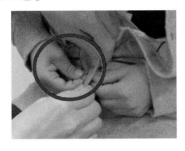

子どもに右手の親指と人差し指でボタンをつまませます。このとき、介助者は布に適度に張りを持たせておきます。さらに介助者がボタンホールにボタンを入れるように布を誘導します。

③ 介助者がボタンを固定する

ボタンホールに少しボタンが入ったら、ボタンが穴からはずれないように、介助者がボタンの横を固定し、支えます。

④ 介助者がボタンホールのある側の布を表に返し、ボタンを子どもに左手でつまませる

介助者は、ボタンホールのある側の布を表に返し（a）、ボタンホールからボタンが見えるようにします。子どもに左手でボタンをつまませます（b）。

⑤ 介助者がボタンホールのある側の布を引っ張り、ボタンをボタンホールから出す

介助者は、ボタンホールのある側の布を引っ張り、ボタンを穴から出します（a）。このとき、介助者はボタンを下から支え、子どもが左手でつまんでいるボタンが穴からずれないように固定します（b）。

一人でできるようになるために 2

　少しずつできるようになってきたら、一人でもできるように練習していきましょう。右手でボタンをつまんだら、左手でボタンホールの横の布をつまみ、自分でボタンホールを固定する練習をしていきます。すべてのボタンを練習するのではなく、下から２つ目より練習するところから始めましょう。

スナップボタンをはずす

① スナップボタンの近くの布を両手で持ち、左右に引く

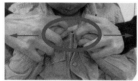 

　子どもにスナップボタンの近くの布を持たせ、介助者は子どもの手の上からホールドして固定します。布を持ったまま左右に引っ張り、ボタンをはずします。

スナップボタンをとめる

① 凸のボタンを右手でつまむ

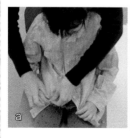 

　子どもを椅子に座らせて、介助者はその後ろに立ちます。介助者は左手で凸のボタンを持ち、子どもに右手の親指と人差し指の腹でつまませます（a）。このとき、凸のボタンの裏側に子どもの親指の腹が当たるようにし、子どもの指の上から手を添えて支えます（b）。

② 凹のボタンを左手でつまむ

　子どもに左手の親指と人差し指の腹で凹のボタンをつまませます。このとき、凹のボタンの裏側に子どもの親指の腹が当たるようにし、子どもの指の上から手を添えて支えます。

③ ボタンの凹凸を重ね合わせ、親指の腹を使ってボタンをとめる

　スナップボタンの凹凸を重ね合わせ、介助者も一緒に子どもの親指の腹を左右均等に押し当てて、ボタンをとめます。

COLUMN

感染症対策の工夫　家庭編③

◆外遊び

　屋外で遊ぶ際はマスクをつけることも多いと思いますが、遊んでいると、鼻までしっかり隠していられないことがあります。いろいろな事情でマスクをつけられなかったり、マスクをつけたままでの運動に不安を感じたりすることもあると思います。また、2歳未満の子どもはマスクを使用しないことが望まれます（日本小児科学会）。屋外で体を動かして楽しく遊ぶことは子どもの発達にとって大切な時間なので、ほかの方法で感染対策をしてみましょう。例えば、遊具で遊ぶ前や遊んだ後、口や鼻を触りそうになったときに、除菌シートや除菌スプレーで手をきれいにします。アルコールが苦手な場合はおしぼりを用意しておくのもよいですね。

2　ファスナーをしめる

はじめに

　ボタンと同様に、ファスナーを操作できるようになると、着ることができる洋服のバリエーションが増えます。また、ファスナーはボタンよりも密封性に優れ、風を通しにくいため、ジャンパーなど多くの上着に用いられています。

　種類にもよりますが、ファスナーの操作は比較的簡単に行えます。特に、カバンやポーチなどに用いられているファスナーは下止金がはずれないため、スライダーをエレメント（歯の部分）に沿って移動させるだけで開け閉めが可能です（**図1a**）。ただし、ファスナーは布と引き具（引手）とをある程度引っ張って張力を保ちつつ、スライダーをエレメントに対して平行にスライドさせていく必要があり、引手を単純に引っ張るものではありません。はじめはカバンやポーチなどで、エレメントに対して平行にスライドさせる練習をして、小学校に入学するくらいの発達段階になったら洋服でも練習をしましょう。

　ジャンパーのような上着に用いられているオープンファスナーは、下止金が蝶棒と箱に分解するタイプのファスナーであり、操作の難易度が上がります（**図1b**）。洋服でオープンファスナーの練習をスタートする際には、金具をとめる（蝶棒を箱にとめる）動作の固定する側のみ子どもに行わせるというように、片手で実施する方法で練習していきましょ

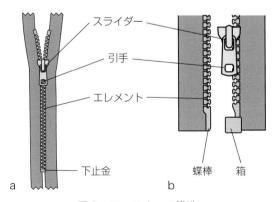

図1　ファスナーの構造
a：下止金がはずれないファスナー，b：オープンファスナー

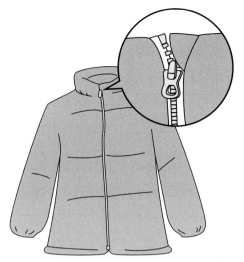

図2　ファスナーガードがついている上着

う。片手ができるようになったら、両手で実施する練習に取り組みます。

知識編

◆環境設定

　準備として、着脱する洋服は体より少し大きめのサイズで、伸縮性のある素材のものを選びます。あまり薄い布ではファスナーに引き込みやすいため、少し厚手のものにしましょう。首元にファスナーガードがついている上着は、あごや首の皮膚を巻き込むことを防止してくれます（図2）。また、髪が長いとファスナーに巻き込む可能性が高くなりますので、肩に触れる髪の毛は、練習の際にはまとめておきましょう。

　ファスナーの引手が小さい、薄くてつまみにくい、力が入りにくい場合には、市販のジッパータブを取り付けるとよいでしょう（図3）。ジッパータブには握るタイプとリングタイプがあります。リングタイプのものは、握って力が入りにくい場合でも指に引っかけて引っ張ることができます。Oリングなどを取り付けて、引っ張りやすくしましょう。

　ファスナーを操作する際には、椅子に座ると手元が確認しやすく、姿勢も安定するのでよいでしょう。座ってできるようになったら、立ったまま行う練習もしましょう。

◆介助のポイント

　オープンファスナーの場合は、下止金が分解するため操作が難しくなります。その際には洋服の固定を子どもに行わせ、介助者が下止金を操作し、操作の手順を子どもに繰り返し教えます。操作が理解できるようになったら、固定する側と操作する側とを介助者と一緒に練習します。固定や操作をする際には、布を持つ位置も重要なポイントとなります。介助者は適度に布に張りを持たせるように調整すると、子どもが操作しやすくなります。

図3　さまざまなジッパータブ

◆導入方法

　ほかの着替え動作と同様に、ファスナーの操作を伴う着替えには時間がかかります。子どもも介助者も時間に余裕があるときに練習しましょう。オープンファスナーに挑戦する前に、日頃からカバンの開け閉めなどを子どもに自分で行わせ、ファスナーの操作に慣れさせておきましょう。また、はじめはファスナーをはずして上着を脱ぐところから取り組みはじめるとよいでしょう。

実践編

オープンファスナーをしめる
片手、スライダーが左側にある洋服の場合

① 子どもは右手で蝶棒を持ち、介助者がスライダーを取り付ける

　子どもを椅子に座らせて、介助者は子どもの前で座るか、膝立ちになります。次に介助者は蝶棒を持ち、子どもの右手に持たせます。子どもが蝶棒をうまく固定できないときには、介助者が子どもの手の上からホールドして固定します。介助者は、下止金（箱）にぴったりつくまで下げたスライダーに子どもが持つ蝶棒をかませて、しっかり取り付けます。

② 介助者が左右の裾を固定し、子どもはスライダーを引き上げてファスナーをしめる

スライダーがしっかりかみ合ったら、子どもにスライダーの引手を持たせます。介助者は左右の裾を固定し、蝶棒がスライダーからはずれないようにして、子どもにスライダーを引き上げさせます（a）。胸の辺りまでスライダーがきたら、介助者はその下の部分のファスナーを固定し、引き上げやすくします（b）。

オープンファスナーをしめる
両手、スライダーが左側にある洋服の場合

① 上着の右側の裾を右手で持つ

子どもを椅子に座らせて、介助者は子どもの前で座るか、膝立ちになります。介助者は、上着の右側の裾（蝶棒の近く）を子どもに右手で持たせます。

② 上着の左側の裾を左手で持つ

介助者は、スライダーを下止金（箱）にぴったりつくまで下げます。次に、上着の左側の裾（箱の近く）を子どもに左手で持たせます。

③ 蝶棒をスライダーに入れ、左側の箱を押し上げて、蝶棒を根元まで差し込む

　介助者は上着の左側の裾の上下を持ち、スライダーが動かないように固定します（a）。次に、子どもに蝶棒を右手でスライダーに入れるよう伝えます（b）。スライダーに蝶棒が入ったら、介助者は上着の右側の裾の上下を持ち、蝶棒がスライダーからはずれないように固定します。そのうえで、子どもに箱のほうを押し上げるように伝え、

蝶棒を根元まで箱に収めます（c）。介助者は布を張り、動かないように子どもの固定側の操作をアシストします。

・・・

④ 右手で右側の裾を持ったまま、左手でスライダーの引手を持つ

子どもの右手は右側の裾を持ったままにさせて、介助者は左手で子どもの右手の上からホールドし、ずれないように固定します（a）。また介助者は右手でスライダーを持って固定し、子どもに左手でスライダーの引手を持たせます（b）。

・・・

⑤ 介助者が左右の裾を固定し、子どもはスライダーを引き上げてファスナーをしめる

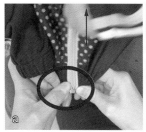

介助者が左右の裾を動かないように固定し、子どもにスライダーを引き上げるように伝え、ファスナーをしめさせます（a）。胸の辺りまでスライダーがきたら、子どもの左手で胸元の布を持たせ、その上から介助者がホールドして固定します（b）。そうすることで、少ない力でスライダーを引き上げ、ファスナーをしめることができます。

3　ベルトをつける

はじめに

　体が大きくなってくると、制服などウエストの調節が必要な洋服を着ることも増え、ベルトを使用する機会が出てきます。また、おしゃれでベルトを使用することもあるでしょう。ベルトにもいくつかの種類があるので、子どもの発達段階に合わせて使用しましょう。子どもがまだ小さい場合には、サスペンダーやゴム製など伸縮性のあるものを使ってもよいでしょう。

　本項では、伸縮性のないベルトの操作の介助方法についてご紹介します。

知識編

◆環境設定

　ベルトには、リングベルト、GI ベルト（ガチャベルト）、チェーンベルトなどのタイプがあります。素材も、革のものや布のものがあります（図）。はじめはガチャベルト（図b）を使用して練習しましょう。

　ガチャベルトは長すぎると余った部分が邪魔になるため、適切な長さに切りましょう。ベルトをウエストに巻いて一周させ、金具の中心からさらに 15 cm 程度の余裕を持った長さに切ります。

　ベルトを操作する際には立って行います。ズボンのベルトループを見ながら操作するので、介助者は子どものすぐ後ろに立ち、体を密着させて子どもの姿勢を安定させましょう。

◆介助のポイント

　ベルトをつけるときは、ズボンのウエスト部分で操作するため、上衣をめくり上げて手元が見えるようにしてから行いましょう。最後に身だしなみとして、めくり上げた上衣を戻すところにもしっかり取り組みましょう。

　背中側のベルトループに通すのは見えない中での操作となり、難易度が上がります。はじめは介助者が行い、ベルトループが視覚的に確認できる部分から取り組むとよいでしょう。できるようになったら、介助者がアシストしながら、背中側のベルトループに通す練習もしましょう。

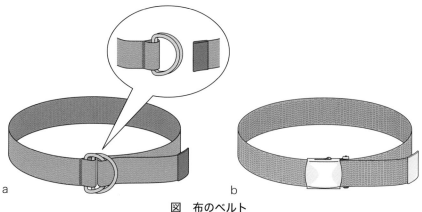

図　布のベルト
a：リングベルト，b：ガチャベルト

　介助者は子どもがベルトを通しやすいように、ベルトループを少し広げておきましょう。また、ベルトの操作は左右の手の固定する側と操作する側が途中で入れ替わるため、固定すべき箇所とベルトを操作する方向とを介助しながら教えていきます。

◆導入方法

　ベルトの巻き方は男女で異なります。男性は右巻き（ベルトの先端が左にくる）、女性は左巻き（ベルトの先端が右にくる）でベルトを締めます。これは男性と女性とで洋服の前合わせが異なるからです。しかし近年では、シーパンなど男女の区別なくつくられているものも多いので、気にする必要はありません。むしろ、子どもの利き手に合わせて巻く向きを選ぶとよいでしょう。子どもが右利きの場合は左からベルトループにベルトを入れ、左利きの場合は右からベルトループにベルトを入れる方法がやりやすいです。

ガチャベルトをつける

① 子どもは立ち、介助者はそのすぐ後ろに立つ

　子どもを立たせて、介助者は子どものすぐ後ろに立ち、体を密着させて子どもの姿勢を安定させます。

② 右手でベルトを持ち、左前側のベルトループに通す

　介助者は上衣の裾をめくり上げて押さえ（a）、手元を見やすくしてから、子どもにベルトの端の部分を持たせます。そして、ズボンの左前側のベルトループの上下を引っ張って広げ、子どもにベルトをベルトループに通すように伝えます（b）。子どもがベルトループにベルトを通したら、介助者はズボンのウエストを押さえて固定し、子どもにベルトを後ろに引くように声をかけます（c）。

③ 介助者がベルトを持つ子どもの手を誘導し、背中側のベルトループに通す

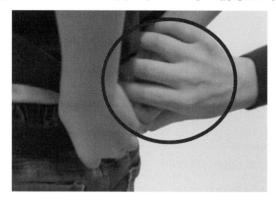

背中側のベルトループは見えないので、介助者が誘導します。子どもにベルトの端の部分を持たせて、その手を介助者がホールドしながら誘導し、ベルトループにベルトを通していきます。

④ 右前側のベルトループにベルトを通す

右前側のベルトループも、②と同様に進めます。子どもの左手でズボンのウエストを固定させ、その上から介助者がホールドし、固定します。介助者は右手でベルトループを広げ、子どもがベルトを通しやすくします（a）。子どもにベルトをベルトループに通すように伝え（b）、通した後はベルトを持ったままウエストから引き離すように引っ張らせます（c）。

⑤ 金具が前にくるようにベルトを前から後ろに回して、位置を調整する

介助者が右手でズボンのウエストを持って固定します（a）。子どもに左手でベルトを握らせ、介助者も左手で子どもの手の上からホールドしてベルトを持ち、後ろに引きます（b）。背中側のベルトは介助者が回します（c）。子どもに右手でベルトを持たせ、介助者も右手で子どもの手の上からホールドし、ベルトをウエストから引

き離すように介助します（d、e）。
a〜e を何度か繰り返して、金具
が前にくるように位置を調整しま
す。

⑥ 金具にベルトを通して引っ張り、長さを調整してベルトを固定する

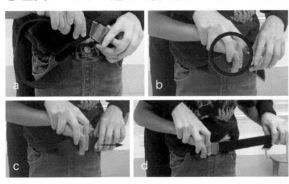

　子どもに左手で金具を持たせ
て、介助者が子どもの手の上から
ホールドし、固定します。子ども
に右手でベルトを持たせて、介助
者が子どもの手の上からホールド
し、金具に誘導します（a）。ベル
トが金具に通ったら、金具を子ど
もに右手で持たせ、介助者は子ど
もの手の上からホールドし、固定
します（b）。ベルトを子どもに左手で持たせ、介助者は子どもの左手をホールドし、
そのままベルトを横にスライドさせて固定します（c、d）。

⑦ ベルトの余った部分を後ろのベルトループに通し、上衣の裾を整える

　介助者は左手でベルトループを
広げます。子どもに右手でベルト
を持たせて、その手の上から介助
者がホールドし、誘導しながら後
ろのベルトループにベルトを通し
ます（a）。子どもに両手で上衣の
裾を持たせて、介助者も子どもの
手の上からホールドし、上衣を下
ろして整えます（b、c）。

4　かぶる衣服・羽織る衣服の着脱

はじめに

　着替えは、手や頭を洋服の決まった穴に順番に入れていかなければなりません。したがって「自分の体を使ったパズル」のような課題であるといえます。着替えができるようになるには、自分の手や足、頭などの身体部位を自由に動かせる必要があります。そのために必要な自分の身体イメージは、自由に体を動かしていくことを通じて徐々に育っていきます。また、動作を繰り返して自己身体へのイメージが膨らむと、見えていなくても手や足を操作することが可能になります。人形の洋服を脱ぎ着させるような遊びは、自分では見えない背中側での手・肩の動きや洋服の構造を、実際に手で扱いながら理解する練習になります。そして着替えを繰り返していくうちに、自分でできたということが自信につながり、自尊感情の発達を促すことにもつながります。

　洋服の着脱には、握りの力が非常に重要です。介助者は洋服を握らせた子どもの手の甲の上から、しっかりホールドして介助しましょう。普段から、鉄棒にぶら下がる、ジャングルジムに縦棒や横棒を握って登る、お手伝いで荷物を持って運ぶなど、「しっかりと握る」活動を取り入れておきましょう。

　さらに着替えを通じて、自分のことは自分で行う、決められた時間に予定に合わせて行動するといった、自己をコントロールする力をつけていくことができます。これは実行機能を育てる基礎となります。

　洋服にはボタンやファスナーなどの付属品があることから、着替えをすべて一人で行えるようになるには時間がかかります。したがって、部分的にできるところからスタートし、少しずつできるところを増やして、子どもが自分で着替えられるように支援しましょう。やわらかい、脱ぎ着しやすいものでできるようになったら、次は制服やジャンパーなど伸縮性のない素材のもので練習しましょう。

知識編

◆環境設定

　洋服は伸縮性のある生地で、体より少し大きめのものを選びます。子どもの興味や関心

図1　親指を輪に引っかけて袖を抜く

にも配慮し、好みのイラストがプリントされたものを選択してもよいでしょう。脱ぐ際には半袖より長袖、着る際には長袖より半袖のほうが練習しやすいようです。下着を着ていると汗を吸収してくれますが、下着と洋服とに摩擦が生じて邪魔になることもあります。洋服の着脱に際しては、下着の裾をズボンやスカートに入れて固定した状態で練習しましょう（本章「6 下着の裾をしまう」を参照）。

　かぶる衣服で、洋服を着る際に前と後ろを区別することが難しい場合には、背中側にイラストがあるものを選ぶか、持つ場所に目印をつけておくと間違えにくくなります。また、親指が入る程度の輪を袖の内側の部分に縫いつけておくと、洋服を脱ぐ際に、親指を輪に引っかけて袖を抜くことができます（図1）。

　羽織る衣服で、腕を袖に通すときの入り口がわかりにくい場合には、色の布テープ（バイアステープ）で縁取りをしておきます（図2）。襟口も子どもにわかりやすいよう、タグに色のテープをアイロンで貼るか、キャラクターのワッペンなどをつけるとよいでしょう。

　洋服の着脱時の姿勢は、はじめは正座か割座で床に座った状態で練習すると、洋服を広げて確認する習慣がつきます。また、両手をダイナミックに動かす動作も安定した姿勢で行うことができます。羽織る衣服の場合には立って行いますので、介助者が後ろに立ち、少し支えになるようにするとよいでしょう。

◆介助のポイント

　"子どもが一人でできるようになる"ための介助のポイントとして、かぶる衣服も羽織る衣服も、ただ単純に着替えをさせるのではなく、実際に着替える動作を二人羽織のように行うとよいでしょう。子どもに洋服を握らせて、その上から一緒に握った状態で着替えを援助するのも、はじめは難しいでしょう。介助する側も練習が必要です。

図2　袖の入り口は目立つ色
の布テープで縁取ると
わかりやすい

〈かぶる衣服の場合〉

　脱ぐ際には、まず袖から腕を抜き、最後に襟口から頭を抜くことで、洋服が裏返るのを
防げます。長袖から腕を抜く際には腕を伸ばして肩より上に上げると、布に張りが出て腕
を動かす方向が明確になり、スムーズに引き抜くことができます。

　着る際には、頭を通してから腕を通します。頭を通している最中は視界が遮られるため、
介助者は洋服が回転しないように背中の上の部分を持ちます。腕を通す際、利き手と非利
き手など左右の手の動きに差がある場合は、動きの悪いほうから先に袖に通すとよいで
しょう。また、腕を通しやすいように、介助者が洋服の脇の下を持って固定しつつ、袖の
先端を伸ばして目で確認しやすくすることもポイントです。

〈羽織る衣服の場合〉

　脱ぐ際の手順は、かぶる衣服と基本的に同様です。両腕を片方ずつ袖から抜いていきま
す。こうすると、袖が裏返ることはありません。

　着る際には、片腕ずつ袖に通していきますが、肩まで入りきらないうちに次にいこうと
すると、もう一方の腕を入れにくくなります。したがって、腕を通した後は前身頃もしく
は脇の辺りを持たせて、腕を肩より高い位置に上げさせ、袖山を必ず肩までたぐり寄せる
よう促すことがポイントです。

◆導入方法

　着替えを子どもに行わせると、非常に時間がかかります。時間に余裕を持って取り組め
るようにしましょう。朝に行うことが難しい場合には、夜のお風呂の際に親子の時間を設
けてみる、忙しい場合には「今日はズボンだけ」「シャツだけ」と部分的に取り組むなどの
工夫もしてみてください。また、「着替える」ということの意味が子どもにはわかりにくい
場合があります。そのような場合には、お風呂に入るときに洋服を脱ぐ練習、外に行く際

にパジャマから外出着に着替える練習など、目的をわかりやすく設定することも有効です。

　子どもがうまくできるようになってきたら、できる部分は介助しないようにし、少しずつ介助量を減らして、自分でできる部分を増やしていきましょう。例えば、かぶる衣服を着る際に頭を通した後から介助をなくしてみると、子どもは自分でできたという達成感を味わうことができます。

実践編

かぶる衣服を脱ぐ

① 子どもは座り、介助者は後ろに座る

　子どもを床に正座（もしくは割座）で座らせ、介助者は子どもの横後ろに座ります。このとき、介助者は子ども側の足の膝を立てるとよいでしょう。介助者の座る位置は子どもの体の大きさに合わせ、必要に応じて変更します。子どもが小さい場合は真後ろから介助します。

② 脱ぐほうの腕は手の平を天井に向け、もう一方の手で脱ぐほうの袖口を握る

　介助者は子どもの脱ぐほうの腕の手首を持ち、手の平が天井を向くように介助します（a）。また子どものもう一方の手で脱ぐほうの袖口を握らせ、介助者が子どもの手の甲の上からホールドし、固定します（b）。

③ 脱ぐほうの腕を天井に向けて伸ばし、腕を下げるようにして袖から腕を抜く

介助者は、子どもの両方の腕を頭の上に持っていくように介助します（a）。さらに、介助者は袖口をつかんだ子どもの手をしっかりホールドして位置を固定し、もう一方の手で洋服の脇のすぐ下を持ち（b）、引っ張って洋服に張りを持たせます（c：赤矢印）。この状態で、子どもに肘を曲げて腕を下げるように伝え、子どもは袖から腕を抜きます。右袖を抜く場合には、わずかに左に重心を移動させるように介助します（c：白矢印）。このとき腕をしっかり伸ばしてから行うことで、子どもは腕を動かす方向がわかりやすくなるだけでなく、袖が伸び布に張りが出て抵抗感がなくなり、動きやすくなります。

④ 反対側の腕も同様に袖から抜く

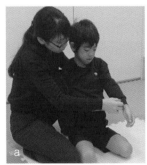

反対側も③と同様にして袖から腕を抜きます（a）。左袖を抜く場合には、わずかに右に重心を移動させると抜きやすくなります（b：白矢印）。

⑤ 襟口を両手で持ち、頭を通して洋服を脱ぐ

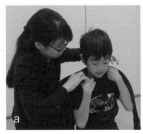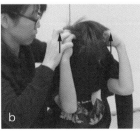

介助者は洋服の襟口を子どもに両手で握らせ（a）、その手の甲の上から握り、ホールドします。子どもはそのまま両手で襟口を天井に向けて引き上げ、頭を通して洋服を脱ぎます（b）。このとき、子どもの背すじが曲がっていない状態であることが重要です。

かぶる衣服を着る

① 子どもは座り、介助者は後ろに座る

　子どもを床に正座（もしくは割座）で座らせて、介助者は子どもの横後ろに座ります。このとき、介助者は子ども側の足の膝を立てるとよいでしょう。子どもが小さい場合には、介助者の膝の上に座らせます。洋服は後ろ側が上になるように一緒に広げて、座っている子どもの前にセットします。

② 両手で左右の裾を持ち、洋服を頭からかぶる

　子どもに両手で洋服の左右の裾を握らせて、子どもの手の甲の上から介助者がホールドします。そのまま両手で洋服を頭の上からかぶるよう誘導します。

③ 襟口に頭がくるようにたぐり寄せ、襟口の左右を両手でつかむ

　介助者は子どもの両手を持ち（a）、襟口（首回り）を持たせ、襟口に頭がくるようにたぐり寄せます。介助者はさらに、洋服の背中の上の部分を持ち、洋服が回転するのを防ぎます（b）。この状態で子どもに、両手を下げて襟口から頭を出すように伝えます。

④ 片方ずつ袖に腕を通す

　介助者は袖を子どもの前方の上に伸ばし、反対の手で洋服の脇の下を持ち、子どもの手を袖に通すように誘導します（a）。子どもの手が袖に入ったら、介助者は洋服の脇の下は固定しつつ、袖を子どもの上前方に引っ張り上げ（b：赤矢印）、子どもに腕を上に伸ばすように伝えます。袖に右腕を通す場合には、右手を上げて、わずかに左に重心を移動させます（b：白矢印）。反対側の腕も同様に袖に通します（c）。

⑤ 両手で洋服の裾を下ろし、整える

　子どもに洋服の裾を持たせ、介助者が子どもの手の甲の上からホールドし、裾を下ろします（a）。子どもが裾を整えているとき、介助者は背中の襟口の下辺りを持ち介助すると、洋服が前に引っ張られすぎるのを防ぐことができます（b）。

羽織る衣服を着る
右腕から袖に通す場合

① 子どもは立ち、介助者は後ろに立つ。左手で洋服のタグを握る

子どもが立った後ろに介助者も立ち（a）、洋服は内側を子どものほうに向けて広げます。洋服の首元のタグ（襟口）を子どもに左手でつかませて、介助者が子どもの手の甲の上からホールドし、固定します（b）。袖に通す腕は、子どもの利き手、もしくは動かしにくいほうからにしましょう。

② 介助者は子どもの右手を袖の入り口に誘導し、子どもは腕を通す

介助者は袖の入り口を子どもに見せるように広げ、向かって左の袖の入り口に子どもの右手を誘導し、子どもは袖に腕を通します（a）。次に介助者は子どもの右腕を肩より高い位置に持ち上げ、腕から袖が抜けないようにします（b、c）。右手を上げる際には、わずかに左に重心を移動させます（c：白矢印）。

③ 介助者は子どもの左手を袖の入り口に誘導し、子どもは腕を通す

　介助者は、子どもが左手を袖の入り口に入れやすいように、背中側にたわんだ洋服を整えます（a）。次に袖の入り口を子どもに見せるように広げ、子どもに袖に腕を通すように伝えます（b）。

④ 袖に腕が通ったら、肩の位置を直す

　子どもの腕が袖に通ったら、介助者は子どもの腕を肩より高い位置に持ち上げ、腕から袖が抜けないようにします（a）。左手を上げる際には、わずかに右に重心を移動させます（b：白矢印）。このとき介助者は前身頃と袖を持って誘導し、袖口より腕を出させます。できるようになったら、前身頃も子どもに持たせるようにするとよいでしょう。

5　スカート・ズボンの着脱

はじめに

　前項でも述べたように、着替えは、手足や頭を洋服の決まった穴に順番に入れていかなければならない「自分の体を使ったパズル」のような課題です。特に着る際には、何をどの順番で着るかが重要です。通常は、パンツやシャツなどの下着を着た後に、ズボンやスカートの下衣をはき、最後にかぶる衣服や羽織る衣服などの上衣を着るとよいでしょう。

　スカートやズボンの着脱では、手で洋服を持ったまま足を操作するため、動きの中で姿勢のバランスをとる必要があります。トランポリンや、曲げた両膝を両手で抱えてボールのような姿勢で前後に揺れる動きなど、日頃から姿勢を保つ活動に取り組んでおきましょう。姿勢が崩れやすい場合や体が硬い場合などは、背もたれと肘掛けのある椅子に座らせて、できる着替えの部分から行うのもよいでしょう。

　また、スカートやズボンをはくことには、最後に下着などの衣類を整える動作も含まれます。特に下着の裾をしまうためには、前面だけでなく背中側への意識が非常に重要です。日頃より、まずは介助者が、裾をしまう動作を子どもの着替えの中で習慣づける必要があります（本章「6 下着の裾をしまう」を参照）。子どもが理解できるようになったら、背中側を鏡で確認させてもよいでしょう。外出する前に身だしなみを整える習慣をつけることも大切です。

　スカートやズボンの着脱は、排泄の自立とも連動します。トイレトレーニングを始めるくらいの発達段階になったら、動作の練習をしましょう。着替えが自分でできるようになると、子どもは自信を持ってトイレに行き、外出する前には進んで着替えるようになります。

知識編

◆環境設定

　スカートやズボンはウエストがゴムのものを選びましょう。ゴムは少しゆるいほうが扱いやすいです。ズボンは、足を通す部分の幅が太いほうが着脱しやすく、長ズボンより半ズボンから練習するほうがよいでしょう。またレギンスなどストレッチ素材のものは体に

フィットしやすく、強く引っ張る必要があるので、はじめは少し大きめのものを選びましょう。パジャマやジャージのズボンは練習に向いています。ウエストをひもでしばるタイプのジャージには、ひもの部分にゴムを通しておきましょう。

スカートやズボンの着脱では、途中で立ったり座ったりする必要があります。立位で行う際に姿勢が不安定になりやすい場合は、子どもの前にテーブルを置いて、手をついて行わせましょう。壁にもたれる方法で体を支えさせてもよいでしょう。

◆介助のポイント

スカートもズボンも、脱ぐ動きの介助方法はほとんど同じです。腰から太もも（膝上）までスカートやズボンを下ろす際には、立って行います。これは、前にかがみすぎるなど腰を曲げた姿勢ではお尻が突き出るため、脱ぎにくくなるからです。太ももからふくらはぎまで下ろす工程と、スカートやズボンから足を抜く工程は、基本的に長座位（両足を前方に伸ばして座る）で行います。体が硬く、長座位を保つことが難しい場合には、膝を曲げて行ってもよいでしょう。子どもが左右の手を使用する際に、長座位で姿勢を保つことが難しく姿勢が安定しない場合には、子どもを椅子に座らせて、前方から介助することも可能です。

スカートをはく際には、スカートのウエストの左右を持って腰まで上げますが、前にボタンやスナップがないズボンの場合は、ウエストの前後を持ち、腰まで上げてはくようにします。ズボンはもともとお尻の部分の布に膨らみを持たせた構造のため、前後で引っ張って持ち上げることで、お尻に引っかからずにはくことができます。

スカートやズボンの着脱では、子どもの手を動かすだけではなく、姿勢を変え、手足を大きく動かすように介助することが多くなります。子どもの手や足のみを動かすのではなく、腰から前にかがませるなど、全身の動きをアシストするように介助しましょう。

◆導入方法

スカートやズボンは着るよりも脱ぐほうが簡単なので、練習は脱ぐほうからスタートします。

パジャマのズボンなどは生地が薄く、大きくつくられているので、着脱の練習がしやすいでしょう。子どもの興味のある柄のものや、好きなワッペンがついたものなどがあれば、それを準備するのもよいでしょう。

スカートやズボンの着脱では、立ったり座ったりと姿勢を変える必要があり、安定的な姿勢のバランスが求められます。姿勢を保つことが難しい場合には動作が中断しやすいため、すべてを連続で行わず、太ももまで下ろす（上げる）、ふくらはぎまで下ろす（上げる）など、部分に分けて繰り返し練習しましょう。はじめは座位で行い、できるようになってきた段階で、立ったまま着替えられるように練習していきましょう。

スカート（ズボン）を脱ぐ

① 子どもは立ち、両手で上衣をめくる

　子どもを立たせ、介助者は子どもの後ろで膝立ちになります。介助者は子どもの両手を手の甲の上からホールドして持ち（a）、上衣の裾をめくり上げます（b）。

② スカート（ズボン）のウエストの左右を握る

　介助者は一方の手でスカート（ズボン）のウエストを広げておき、もう一方の手で子どもにスカート（ズボン）のウエストの左右を握らせます（a）。さらに子どもの親指をスカート（ズボン）のウエストに入れさせ、介助者が手の甲の上からホールドしてそのまま左右の端（腰骨の前辺り）までスライドさせます（b）。

③ 両手で太ももまでスカート（ズボン）をずらす

　子どもを少しずつ前かがみにさせ、重心をわずかに前に移動させながら（矢印）、両手を少しずつ下にずらし、スカート（ズボン）を太もも（膝上）まで下ろします。このとき、介助者は子どもの両手がスカート（ズボン）から離れないようにします。また、両手のタイミングを合わせます。

④ 長座位になる

子どもにかがむように伝え（a）、両足を前に出した姿勢（長座位）をとらせます（b）。

⑤ 両手でふくらはぎまでスカート（ズボン）を下ろす

子どもの手がスカート（ズボン）からはずれてしまった場合には、再度、ウエストの左右を両手で握らせます。介助者は子どもに前屈（上体を前方に倒す）させ、上半身の重心を前に移動させながら（矢印）、子どもの両手を握り、スカート（ズボン）をふくらはぎの辺りまで下ろします。

⑥ 片足ずつ膝を曲げて、足をスカート（ズボン）から出す

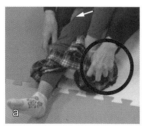

介助者は子どもに両手でスカート（ズボン）を持たせたまま、床に固定するように押さえます（a：丸印）。子どもに片足ずつ膝を曲げるように伝え、スカート（ズボン）から足を出させます。スカート（ズボン）から足を抜く際には、左足を抜くときは子どもの重心をわずかに右側に、右足を抜くときは逆にわずかに左側に移動させるよう誘導するとよいでしょう（a、b：矢印）。

スカートをはく

① 床に座り、スカートを広げて置く

子どもを床に座らせて、介助者はその後ろで膝立ちもしくは割座になります。スカートの裾を広げて子どもの前に置き、裾が重なっていたら子どもと一緒に広げます。

② スカートのウエストの左右を握る

子どもにスカートのウエストの左右を握らせて（a）、介助者が子どもの手の甲の上からホールドし、固定します（b）。

③ スカートのウエストを左右に大きく引っ張り、両足をスカートに通す

両足を両手の間に置いて両膝を立てるよう子どもに伝えます（a：丸印）。介助者は子どもの手を持ったまま、スカートのウエストを左右に強めに引っ張って大きく開いた状態にし（a：矢印）、足をスカートに入れるよう子どもを誘導します。スカートに両足が入ったら、太ももの位置までスカートを上げます（b）。このとき、途中で子どもの手がスカートから離れないように、介助者はしっかりホールドします。

④ 立ち上がり、スカートを腰まで上げる

子どもに立ち上がるように伝え、両足を肩幅程度に開かせ（a：白矢印）、安定した姿勢をとらせます。途中でスカートから手がはずれてしまった場合には、再度、介助者が子どもの手を誘導してウエストの左右を握らせ、介助者はその手をホールドし、固定します。両手同時にスカートを引っ張り上げ（a：赤矢印）、腰の位置まで上げます（b）。

⑤ 後ろに手を回し、スカートを整える

介助者が子どもの手を交互に誘導し、スカートのウエストの左右と後ろを整えます。手の向きは変えず、スカートを持った手を腰の後ろのほうまでずらし、スカートのゴムのよれを整え、下着の裾をしまいます。

HINT

下着の裾は事前にしまっておくとよい

　下着を着ている場合には、事前にタイツをはき、裾をしまっておくと、スカートの着脱の邪魔にならなくなります。

ズボンをはく

① 床に座り、ズボンを広げて置く

　子どもを床に座らせて、介助者はその後ろで膝立ちもしくは割座になります。ズボンは子どもの前に広げて置きます。裾などが折り重なっているときは、子どもの手をとり、一緒に広げます。

② ズボンのウエストの左右を握る

　ズボンのウエストを持ち上げて、左右を子どもの手で握らせます（a）。子どもの手の甲の上から介助者がホールドし、固定します（b）。

③ ズボンのウエストを左右に引っ張り、片足ずつズボンに通す

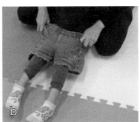

　両足を両手の間に置いて両膝を立てるよう子どもに伝えます（a：丸印）。介助者は子どもの手を持ったまま、ズボンのウエストを左右に強めに引っ張って大きく開いた状態にし（a：矢印）、片足ずつズボンの足の穴に入れるよう子どもを誘導します。ズボンに足を通す際には、右足を通すときは子どもの重心をわずかに左側に、左足を通すときは逆にわずかに右側に移動させるよう介助するとよいでしょう。ズボンに両足が入ったら、太ももの位置まで両手でズボンを上げます（b）。このとき、途中で子どもの手がズボンから離れないように、介助者はしっかりホールドします。

④ 立ち上がり、ズボンのウエストの前後を握る

子どもに立ち上がるように伝えます。ズボンが膝にかかっていると足がもつれやすいため、介助者は子どもの腰を後ろから支え、前にかがませるようにして起こします（a）。立ち上がったら、子どもの両足を肩幅程度に開かせ、安定した姿勢をとらせます。次に子どもの手をとり、ズボンのウエストの前後を握らせ（b）、介助者はその手をホールドし、固定します（c）。

⑤ ズボンを腰まで上げる

前後の両手を同時に引き上げ、ズボンを腰の位置まで上げます。スカートの場合と同様に、ゴムのよれを整え、下着の裾をしまいます。

6　下着の裾をしまう

はじめに

　衣類の中でも下着は生地が薄く、体にフィットするサイズのものが多いという特徴があります。さらに、腕回りや首回りが一般的な洋服よりもオーバーサイズに仕立てられています。下着は汗を吸うため、濡れているときは脱ぎ着しにくいものです。

　着替えには、着る洋服の種類や組み合わせによって、着やすい順番があります。特に下着の裾を、上衣を着る前にズボンやスカート、タイツに入れておくと、上衣は着やすくなります。一方で、下着の裾が出ている状態で上衣を着ると、着た後に下着と上衣を分けて処理しなくてはならず、難易度が上がります。脱ぐ場合も同様で、下着と上衣とが一緒によれてしまい、脱ぎにくくなります。

　また下着が洋服の外に見えていると、相手の心証を悪くしてしまうだけでなく、将来的には、社会に出る際に不利になります。下着の裾をしまう・髪をとかす・歯を磨くといった"身だしなみ・衛生管理"は、生活リズムや健康管理と同等に、就職活動や就労の定着にも影響を及ぼします。まずは介助者が子どもの着替えを介助する際に、下着の裾をしまう習慣をつけ、子ども自身に"下着の裾がズボンやスカートに入っている状態"に日頃から慣れさせるようにしましょう。着替えの一連の流れの中で、身だしなみへの意識づけをしておくことが重要です。

知識編

◆環境設定

　練習する下着は、裾の長さが長すぎず短すぎないものにします。着丈はウエストから10 cm程度を目安とし、子どもの体格に合ったサイズを選びましょう。

　運動後、またお風呂から出てすぐは汗をかいて下着が肌に張り付きやすく、操作しにくいため、汗をしっかり拭いてから、もしくは汗がひいてから行いましょう。

　姿勢は立ったまま行うほうが操作しやすいのですが、姿勢が安定しない場合は、前面の裾をしまう際には介助者が子どもの後ろで支え、背中側の裾をしまう際には子どもの前に立って支えるとよいでしょう。

◆介助のポイント

　裾をしまう動作は、ズボンやスカートのウエストと体との間にスペースをつくることがポイントです。ズボン（スカート）のウエストを子どもに持たせて、その手を介助者がホールドして固定し、スペースをしっかり確保しましょう。まずは目に見える前面と両サイドの部分を行い、背中側は腰に手を沿わせて裾をしまう動作から練習します。できるようになったら、背中側のウエストも子どもに持たせて、スペースをつくる動きを学習させましょう。

◆導入方法

　上衣を着てから下着の裾を下衣にしまおうとすると、上衣が邪魔になります。下着を着て、下衣をはき、下着の裾を下衣にしまってから上衣を着るという順番で、いつも着替えをするとよいでしょう。

　また下着の裾がズボン（スカート）から外に出てしまう原因は、下着が小さすぎて丈が短いことや、ズボン（スカート）のウエストがゆるいことが考えられます。下着の着丈も子どものサイズに合わせたもので練習しましょう。ズボン（スカート）のウエストがゆるい場合には、本章「3 ベルトをつける」を参考に工夫をするとよいでしょう。

実践編

ズボンに下着の裾をしまう

① 子どもは立ち、介助者は後ろに立つ

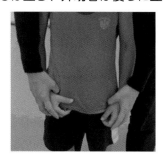

子どもを肩幅程度に両足を広げた状態で立たせます。介助者はそのすぐ後ろに立ち、体を密着させて子どもの姿勢を安定させます。

② 右手で下着の裾を持ち、左手でズボンのウエストを持って広げる

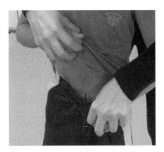

　子どもに右手で下着の裾の前中心（おへその辺り）を握らせ、介助者が子どもの手の甲の上からホールドします。子どもに左手でズボンのウエストを握らせて、介助者は子どもの手を上から握り、前方に引っ張ってお腹の前にスペースをつくります。

③ 左手でズボンのウエストを固定し、右手で下着の裾をズボンにしまう

　介助者は左手でズボンのウエストを固定したまま、右手でつかんだ下着の裾を子どもと一緒にズボンの中に入れます（a）。ズボンの中に下着の裾を入れたら、子どもに手を放すように言います。介助者は子どもの手を平らにしながらズボンから引き抜き、そのまま少し横にスライドさせ、おへその高さからズボンの中に向かって手をお腹に沿わせるように、下着の裾をズボンの中に入れます（b）。同様に少しずつ手を横にスライドさせて、右側の腰骨の辺りまで同様に行います（c）。

④ 右手でズボンのウエストを固定し、左手で下着の裾をズボンにしまう

　反対側も同様に、右手でズボンのウエストを固定し、左手で下着の裾をズボンに入れます。

----

⑤ 背中側も同様に左右の手で下着の裾をズボンにしまう

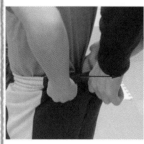 

　　背中側は特に見えにくいため、はじめは手で下着の裾を入れるところのみを練習します。介助者は、左手でズボンのウエストを後ろに向かって広げ、子どもの右手を持ち、右側の腰骨の辺りからお尻の方向に向かってスライドさせ、下着の裾をしまいます。介助者はズボンを右手に持ち替えて、左側も同様に子どもの手を誘導し、介助します。

HINT

背中側の部分の次のステップ

　　背中側への意識が芽生えてきたら、子どもにズボンの背中側のウエストを持たせ、介助者はその手をホールドして固定し、下着の裾を入れる練習をしましょう。

7　靴下を脱ぐ・履く

はじめに

　靴下を脱いだり履いたりする場合には、姿勢を一定に保っておく必要があります。さらに、両手で靴下の履き口の左右を持ち続けるため、姿勢を保持しながら両手を連動させて動かさなければなりません。片手でも引っ張って脱ぐことはできますが、かなり意識していないと布が裏返しになってしまいます。裏返しになった靴下を元に戻す際には、両手の協調性のほかに、靴下の構造の理解や視空間認知が必要です。また、履く際には、かかとに布を沿わせるようにするため、かかとや足首の向き・角度にも意識を向けなければなりません。このように靴下の脱ぎ履きには、自分の体、特に足首や足への意識と、体の構造を自分でイメージする力が求められます。はじめは脱ぐ動作からスタートし、少しずつ履く動作も学習するようにするとよいでしょう。

　靴下の脱ぎ履きは、主に幼稚園入園くらいの時期になると一人で行う機会が増えます。また、靴の脱ぎ履きとも連動します。まずは靴の脱ぎ履きから練習し、幼稚園入園くらいの発達段階になったら、靴下の脱ぎ履きにも取り組みましょう。

知識編

◆環境設定

　靴下は厚手で伸縮性があり、滑りがよいものを選びましょう。長さはくるぶしまでのものか、足首が隠れる程度のものにし、難易度の高いハイソックスは最初の練習では用いないほうがよいでしょう。足の甲にあたる部分にイラストがあると、靴下の上下がわかりやすくなります。また、靴下を持つ場所に目印があると視覚的にわかりやすくなり、さらに履くときに回転するのを防ぐことができます。事前に靴下の甲の部分が平らになるようにアイロンをかけておくと履きやすいでしょう。

◆介助のポイント

　まずは、子どもが座って片足を動かしても倒れない姿勢をつくり、両手を操作しやすいようにその姿勢を安定させてあげることが必要です。

　脱ぐ際には、子どもが最初から引っ張って脱ごうとするのを防ぐことがポイントです。

特に履き口を引っ張ってしまうと、靴下が裏返しになってしまいます。介助者は履き口を持つ子どもの手をしっかりとホールドし、最後は反対の手でつま先から引っ張るように促して、靴下が裏返らずに脱げるよう援助します。

　履く際には、かかとを意識するように足首の角度に沿わせて履くことがポイントです。また、動作は必ず両手で行います。片手で引っ張る、もしくはどちらかの手の引っ張る力が強い場合には、靴下は回転してしまい、うまく履けません。

　足の裏は、体の中でも非常に汗をかきやすい部分です。汗をかいていると、布が湿って皮膚との摩擦が生じやすく、靴下を着脱しにくい環境となります。練習の際には、足の汗を拭いてから行いましょう。

◆導入方法

　靴下は履くよりも脱ぐほうが動作を行いやすいため、練習は脱ぐ動作からスタートします。お風呂に入るときは靴下を含めて衣服を脱ぐ必要があるので、場面を理解するうえでも導入しやすいでしょう。また、子どもは散歩など、外出することへのモチベーションが高いため、履く動作はその際に少し時間の余裕を持ち、取り組むとよいでしょう。

　靴下を履くか素足で過ごすかの違いは、季節や風土、場面によるところが大きいため、まずは靴下を履く習慣をつくることが大切です。外出先の家などに靴を脱いで上がる際は素足では失礼であるというマナーを、子どものうちから場面に合わせて靴下を履く練習をすることで、身につけておく必要があります。

実践編

靴下を脱ぐ

---

① 子どもは靴下を脱ぐほうの膝を立て、逆側の膝は倒して座り、介助者は後ろに座る

　子どもを床に座らせて、介助者はその後ろに回り込むようにして座ります（a）。子どもの脱ぐほうの足は膝を曲げて床に対して垂直にし、両腕の間の位置に立てておきます。もう一方の足は膝を曲げて外向きに倒し、姿勢が崩れるのを防ぎます（b）。子どもの両手は床についた状態にします。

② 靴下の履き口を広げ、親指を靴下の中に入れる

介助者は靴下の履き口を広げ、脱ぐほうの足とは逆側の子どもの手を持って、足の内側から靴下に沿わせるように子どもの親指を入れます（a）。そのまま、子どもの手の甲の上からホールドします（b）。

③ 足首のかたちに親指を沿わせて靴下をかかとからはずす

介助者は子どもの太ももをお腹につけるように持ち、足を床から浮かせ、保ちます（a）。併せて、逆側の手で子どもの手を持ったままかかとに沿わせるように靴下をずらし、親指でかかとからはずします（b）。かかとから靴下がはずれたところで止めます。

④ かかとを床につけ、つま先は床から上げるよう保つ

子どもはかかとを床につけ、つま先は床から上げ、天井に向けて反らせるようにして保ちます（a）。介助者は靴下を脱いでいる子どもの手をしっかりホールドし、それ以上は脱がせないようにします（b）。

⑤ 靴下を脱いでいる足と同側の手で、靴下のつま先部分を持ち、足から離すように引っ張る

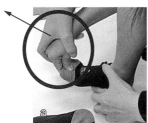

子どもに靴下を脱いでいる足と同側の手で靴下のつま先部分をつまませ、介助者は子どもの手の甲の上からホールドして持ちます（a）。そのまま足から離すように靴下を引っ張り、脱がせます（b）。

靴下を履く

---

① 子どもは靴下を履くほうの膝を立て、逆側の膝は倒して座り、介助者は後ろに座る

子どもを床に座らせて、介助者はその後ろに回り込むようにして座ります。子どもの履くほうの足は膝を曲げて床に対して垂直にし、両腕の間の位置に立てておきます。もう一方の足は膝を曲げて外向きに倒し、姿勢が崩れるのを防ぎます。

---

② かかとが下になるように、靴下の履き口の左右をつまむ

靴下のかかとが下になるように、また甲の部分が見えるように平らにして、靴下を床に置いておきます（a）。膝を抱えるような姿勢で子どもの両手を前方に出し、子どもに両手で靴下の履き口の左右をつままませます（b）。介助者は子どもの手の甲の上からホールドし、靴下が指からはずれないようにします（c）。

---

③ 靴下の履き口を左右に大きく引っ張り、つま先に靴下を持っていく

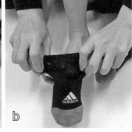

介助者は子どもの手を持ったまま、靴下の履き口を左右に強めに引っ張り、足先の横幅よりも大きく開いた状態にします（a）。靴下の履き口を大きく広げたまま、つま先に靴下を誘導します（b）。

④ かかとに合わせて手首を返し、靴下を履く

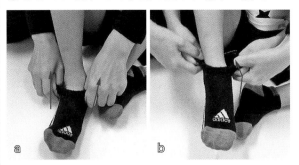

介助者が子どもの手をホールドしながら、つま先から靴下に入れていきます（a）。次に、かかとに沿わせるように手首を返し、かかとを靴下に入れます（b）。

HINT

足を伸ばすように伝えてもよい

靴下につま先を入れた後、子どもに足を伸ばすように伝えても履くことができます。その際にも、介助者は途中で子どもの手を放さず、靴下が回転しないようにします。また、靴下をかかとに沿わせる動きは介助者が誘導しながら教えます。

8　靴を脱ぐ・履く

はじめに

　靴の脱ぎ履きは靴下の脱ぎ履きと同様に、姿勢を一定に保っておく必要があります。一方で、靴下の場合は足首やかかととの角度に合わせて靴下のほうを操作しますが、靴の場合は足首やかかとを靴に合わせて操作するため、似たような動作でも運動の方向や力の入れ方が異なります。さらに、靴は左右の判別もしなければなりません。いずれにしても自分の体、特に足首や足への意識と、体の構造を自分でイメージする力が必要です。

　靴は用途によってさまざまな種類があり、その中でも長靴や上履きは一般的に履き口が広いため、脱ぎ履きしやすいといえるでしょう。ただし、靴は足首の安定性や足のアーチの形成を助け、足を守るためのものです。子どもの足のサイズや形状に合ったものを購入しましょう（**図1**）。足のサイズに比べて大きすぎると足首が安定せず、小さすぎると痛みを伴う原因になります。特に扁平足の場合には、アッパー（かかとの部分）がしっかりとした靴を選びましょう。足の甲が高い場合には、リハビリスタッフや靴の販売店などの専門家に相談するとよいでしょう。足に合った靴を履くことで、歩き方や走り方、姿勢のバランスがよくなります。

知識編

◆環境設定

　先に述べたように、靴は子どもの足のサイズや形状に合ったものを選びましょう。靴の左右を判別しにくい場合には、中敷きに対になるようにイラストを描いておくと、わかりやすくなります（**図2**）。

　またプルストラップを引っ張って操作する際に、つまむ力が弱い場合には、リングやひもをつけると容易に着脱できるようになります（**図3**）。

　靴の脱ぎ履きは床に座って行うか、子どもの体が硬く姿勢がとりづらい場合には椅子に座って行うとよいでしょう。

図1　面ファスナーのついた子ども用のスニーカーは，足の形状に合わせやすく脱ぎ履きもしやすい

図2　左右で対になるようにイラストを描いた上履き

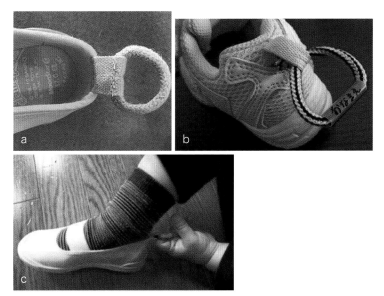

図3　プルストラップにリングやひもをつけると引っ張りやすい
a：ひもを通して結び目を布の間に入れ，その上からミシンで縫うと，ひもが回転しない
b：ひもにプラスチックのストローを通しておくと，たわみにくく引っ張りやすい
c：チェーンリングや二重リングなどのほうが，ひもよりは引っ張りやすい

◆介助のポイント

　まずは、子どもが座って片足を動かしても倒れない姿勢をつくり、両手で操作しやすいように姿勢を安定させてあげることが必要です。

　脱ぐ際には、靴のかかとの部分を固定した状態で、子どもの足を動かして靴を脱がすように介助するのがポイントです。また足を靴から出すときは、かかとを靴から出す方向と、

つま先を靴から出す方向が異なります。はじめは介助者が介助しながら動きの方向を教えましょう。

　履く際には、かかとを意識するようにつま先を靴に入れて、足首の角度を靴に合わせて履くことがポイントです。その際、必ず両手で行います。靴の履き口を片手で引っ張ると、かかとが入りきらずに靴のかかとを踏んで歩く原因になります。

◆導入方法

　子どもは一般的に走るのが上手になる2歳くらいになると、靴の脱ぎ履きに興味を持ちはじめます。つまり、「外出する＝靴を履く」ということが関連づいてくるのです。ただ靴を履く練習をするのではなく、靴を履いたら何をしようかといった場面の設定をすることが大切です。楽しく外出する経験を通して、子どもが外に出て遊びたいので一生懸命自分で靴を履くことに取り組むようにするとよいでしょう。

　靴を履けるようになったら、「靴のままベンチや電車の椅子に乗らない」「靴を脱いだらそろえる」などのマナーも、大人がまずはやってみせて、同時に教えていきましょう。

実践編

靴を脱ぐ
右足の場合

① 子どもは靴を脱ぐほうの膝を立て、逆側の膝は倒して座り、介助者は後ろに座る

　子どもを床に座らせて、介助者はその後ろに回り込むようにして座ります（a）。子どもの脱ぐほうの足は膝を曲げて床に対して垂直にし、両腕の間の位置に立てておきます。もう一方の足は膝を曲げて外向きに倒し、姿勢が崩れるのを防ぎます（b）。

② 左親指を靴のかかとの部分に入れる

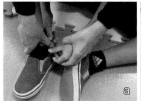

　介助者は右手で子どもの足首を足の甲から握り、脱ぐほうの足とは逆側の子どもの手（左手）の親指を、かかとに沿わせるように靴の内側に入れます（a）。そのまま、子どもの手の甲の上からホールドし、靴が動かないように固定します（b）。

③ かかとを靴から引き抜く

　介助者が子どもの足首を足の甲から持ち、引き上げて靴からかかとをはずします（a）。かかとが出てきたら、次に体のほうへ足を引き寄せて（b）、つま先を靴から出します（c）。

HINT

体が硬い子どもへの対応 ── 靴を脱ぐとき
　体の動きにくさがある場合や、体が硬いなどの理由から床に座って姿勢を保つことが困難な場合には、椅子に座って行わせましょう。

【足を太ももの上にのせて靴を脱ぐ（左足）】
①子どもを椅子に座らせて、介助者は子どもの前で片膝立ちもしくは膝立ちになります。子どもの左足を右足の太ももの上にのせます（a）。

②介助者は右手で子どもの右手を持ち、子どもの
　親指をかかとの部分から靴の内側に入れ込み、
　子どもの手を上からホールドして親指をしっか
　り固定します。また、介助者は左手で靴のソー
　ルを持っておきます（b）。

③子どもの右親指を靴の中に押し込むようにし
　て、かかとを靴から出します（c）。

④靴からかかとが出たら、介助者は左手で靴を引
　いてつま先を靴から出します（d）。

靴を履く
右足の場合

① 子どもは靴を履くほうの膝を立て、逆側の膝は倒して座り、介助者は後ろに座る

　子どもを床に座らせて、介助者
はその後ろに回り込むようにして
座ります（a）。子どもの履くほう
の足は膝を曲げて床に対して垂直
にし、両腕の間の位置に立ててお
きます。もう一方の足は膝を曲げ
て外向きに倒し、姿勢が崩れるの
を防ぎます（b）。

② 左手でソールを持つ

　　介助者は子どもに履くほうの足とは逆側の手（左手）でソールを持たせ、さらに子どもの手の上からホールドして固定します。

③ 介助者が右足を靴に誘導し、子どもと一緒に靴を操作する

　　介助者は右手で子どもの右足を持ち上げ（a）、子どもと一緒に左手で持った靴を手首を返しながら操作し、靴のつま先に合わせて足を誘導します（b）。つま先が入ったら介助者が右手で誘導し、かかとを残して靴に足を入れます(c)。

④ 靴の内側をつかんでかかとを押し込み、靴を履く

　　介助者は子どもに左手で靴の内側を握らせ、子どもの手の上からホールドして固定します（a）。次に子どもに足を床に押しつけるように伝え、かかとを靴に収めます（b）。

体が硬い子どもへの対応 —— 靴を履くとき

　体の動きにくさがある場合や、体が硬いなどの理由から床に座って姿勢を保つことが困難な場合には、脱ぐときと同様に、椅子に座って行わせましょう。

【プルストラップにリングをつけた靴を履く（左足）】

①子どもを椅子に座らせて、介助者は床に座る。
　靴を子どもの足の前に置く（a）。

②介助者は靴のつま先部分を上げて靴を傾け、履き口に子どもの足を誘導する（b）。

③つま先がすべて靴の中に入ったら、靴を床に置く（c）。

④介助者は子どもに履くほうの足とは逆側の手（右手）でリングを握らせる（d）。

⑤リングを引っ張り上げるように動かし、かかと
　をアッパーにしまう（e）。

片手ができるようになったら、両手で行う練習を
　靴を脱いだり履いたりする際に、子どもに脱
ぐ（もしくは履く）ほうの足と同側の手で靴の
甲の部分を固定させると、両手で行う練習にな
ります。特にタンがあるような靴を履くときに
は、タンの部分が巻き込まれないように、この
動作を練習しておくことが必要です。

COLUMN

感染症対策の工夫　学校編①

◆手洗いのタイミング

　登校後、休み時間の後、移動教室の前後、また教科学習では実験道具・楽器・運動
用具の使用前後、図書館の利用前後での手洗いを実施させている学校も多いと思いま
す。図書館の利用前後での手洗いは本をきれいに扱うことを学ぶ機会にもなり、公共
の施設を使用する際のマナーを身につけることにもつながります。ルールが増えると
先生にも子どもにも負担になりますが、子どもたちの学ぶ機会と考えて前向きに取り
組めるとよいですね。

9　靴ひもを結ぶ

はじめに

　幼児の靴は面ファスナーがついているものやスリッポンタイプのものがほとんどですが、小学校の高学年くらいになり、靴のサイズが大きくなってくると、ひも付きの運動靴が多くなります。また、結ぶ動作はお弁当箱の包みを結ぶとき、縄跳びの縄を束ねるとき、エプロンや三角巾をつけるときなど、特に小学生になると必要とされる場面が授業の中でも増えてきます。

　結ぶ動作には、左右のひもを交差させたり特定の場所にくぐらせたりといった、複雑な手順と高度な空間把握能力が必要になります。さらに両手を別々に操作することや、ある程度ひもや布を引っ張りながら操作することが求められるため、力のコントロールも重要です。

　ひもはやわらかく、結ぶ際にゆがんだりたわんだりしやすいため、はじめは芯の入ったモールを使って、袋の口を閉じる、輪つなぎをつくる、ひも通しの板で模様をつくるなどに取り組んでみましょう。また、結んであるひもや布をほどくところから始めるのもよいでしょう。エプロンなどはひもを長くして前で結ぶ練習をすると、少しくらい結び方がゆるくても、着られる達成感を味わえます。小学校に入学する前から、遊びを通じて結ぶ練習に取り組むようにしましょう。

知識編

◆環境設定

　結ぶ・ほどく練習をする場合のひもは、はじめは少し太いものを選びましょう。縄はもともと糸、もしくはひもをより合わせているものなので、硬くて結びにくく、ほどきやすいといった特徴があります。ほどく練習をするときには縄を使うとよいでしょう。また、靴ひもは丸みのあるものや、平たくても厚みのあるもので、少し伸縮性があると結びやすいでしょう。リボンや薄い平らなひもは、よれやすく結びにくいうえに、ほどきにくいため、練習には不向きです。

　ひもを結ぶ際には左右のひもの色を変えると、色の違いから仕組みを理解しやすくなります。

◆介助のポイント

　はじめは動作の手順(ひもの操作や手の動き)を覚えるところからスタートしましょう。ひもを結ぶのは難しい動作なので、完成する一歩手前の「引っ張ったら完成する最後の段階」から練習するのもよいでしょう。また、見やすくするために、ひもはきちんと伸ばしておきましょう。

◆導入方法

　靴ひもの結び方がゆるいと、歩いたり走ったりしているときに靴が脱げてしまう可能性があります。そのため、靴ひもはしっかり結ぶことが求められます。一方で、お弁当箱の包みやエプロンのひもは、結び方がゆるくても大きな支障はありません。はじめは、おもちゃを大きな布で包んで結ぶ、エプロンのひもを長くして前で結ぶといった練習をするとよいでしょう。ひもを締める感覚のコントロールを学ぶ練習にもなります。

実践編

靴ひもを結ぶ

① 子どもは靴を置いたテーブルの前で椅子に座り、介助者は後ろに立つ

　靴はテーブルの上に置いておきます。子どもを椅子に座らせ、介助者は子どものすぐ後ろに立つか、子どもが小さい場合には膝立ちなど介助しやすい高さになります。

② 左右のひもを交差させる

　介助者は子どもにひもをつまませ、ひもを持つ子どもの手を握って操作します (a)。右、左の順に、左右のひもを交差させます (b)。

③ 右にあるひもを持ち、輪の中を通して一回転させる

　介助者は子どもと一緒に、交差した部分のひもを左手でつまんで固定します（a）。右手で右のひもを持ち、交差させてできた輪の中を奥から手前に通してひもを一回転させます（b～d）。

④ ひもを持ち、左右に引っ張る

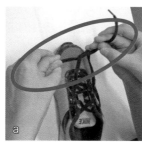

　介助者は左右のひもを子どもに握らせて、子どもと一緒に左右に引っ張ります（a）。このとき、ひもを引っ張りすぎないような調整が必要です。それぞれひもを通した左右の穴の間隔（b：両矢印）が均一になるのが目安です。

⑤ 左のひもで小さなループをつくり、右のひもで小さなループの周りを一周する

　介助者が④でつくった結び目の近くで小さなループをつくり、子どもに左手でそれを持たせます（a）。次に右のひもを子どもに握らせ、介助者は子どもの手の上から握り、持ったひもで小さなループの周りを一周します（b、c）。

⑥ 右のひもを輪の中から出して左手でつまみ、⑤でつくったループを右手でつまむ

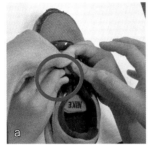
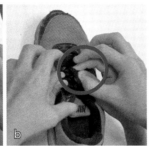
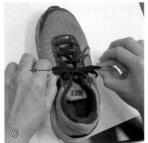

　介助者が一周してできた輪の中からひもの一部を出し、出てきたひもを子どもに左手でつまませます（a）。次に⑤でつくったループを子どもに右手でつまませます（b）。子どもの指の上から介助者もホールドして、つまんだひもを左右均等の力で引き、ひもを締めます（c）。

HINT

　ひもを結ぶことが難しい場合には、簡単なうさぎ結びから練習してみましょう。

簡単なうさぎ結び

①はじめは右側（白）のひもを左に、その上から左側（赤）のひもを右に移動させて、交差させます。白のひもを赤のひもの下から通して、白と赤のひもを左右に引っ張ります（a）。

a

②白と赤の結び目の近くに、それ
　ぞれのひもでうさぎの耳（ルー
　プ）をつくります（b）。

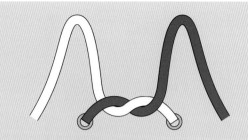

b

③白のループの上に赤のループを
　重ねて交差させます（c）。

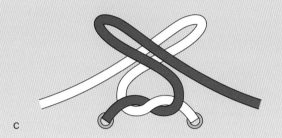

c

④白のループを手前に折り返しま
　す（d）。

d

⑤③で交差させてできた輪に白の
　ループを通して右に移動させま
　す（e）。

e

⑥ループの部分をしっかり持ち、
　均等の力で左右に引っ張ります
　（f）。

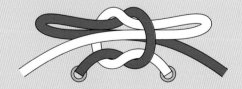

f

10　帽子をかぶる・とる

はじめに

　帽子は、子どもの場合は主に熱中症予防や紫外線対策として、また転倒や衝突の際に頭を守るため、外出の際にかぶるという目的があります。そのほか、おしゃれで帽子をかぶる場合もあるでしょう。

　帽子をかぶる動作は着替えの中でも特に、体の見えない部分である頭や耳へのアプローチが必要な動作です。そのため、自分でできるようになるには時間がかかります。一方で、生活道具の中でも帽子は外出というイベントとの関連性が強く、子どもにとっては非常にモチベーションが高まるチャレンジしやすいものであることが多いようです。さらに繰り返し実践していくうちに、「自分でできた」ということが自信につながり、自尊感情の発達を促すことにもつながります。

　まずは介助しながら、外出の際に帽子をかぶることに慣れさせ、少しずつ自分で取り組める部分にチャレンジさせていきましょう。

知識編

◆環境設定

　帽子は子どもの頭部に合ったサイズを選びましょう。帽子には主にキャップタイプとハットタイプがありますが、日よけがついているものであればどちらでもよいでしょう。頭の大きさに対して帽子が小さすぎると頭が痛くなりやすく、大きすぎると帽子がはずれやすくなります。頭の大きさに合わせてアジャスターの調整も事前にしておきましょう。赤白帽などのように、帽子の縁にサイズ調整用のゴムがついているものもあります。

　帽子の着脱の練習をする際には、はじめは子どもを椅子に座らせるか、正座をした介助者の膝の上に座らせるとよいでしょう。頭は丸くカーブしており、頭頂部（頭のてっぺん）や、後頭部（頭の後ろ側）は視覚的に確認できません。置き型や壁掛けの鏡を見ながら行うのもよいでしょう。

◆介助のポイント

　キャップタイプの帽子をかぶる際には、帽子の前後を持ってかぶる練習をしましょう。

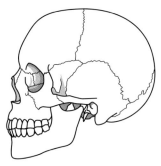

図　前頭部より後頭部の面積のほうが広い

人間の頭は前頭部（頭の前側）に比べて後頭部のほうがカーブがなだらかで面積が広いため、後頭部から帽子をかぶり、次に前頭部をかぶるようにするとうまくかぶれます（**図**）。帽子の前の部分を深くかぶりすぎてしまうと視界を遮る可能性があるので、注意しましょう。

　帽子をかぶる際にも、とる際にも、首のゴムを耳にかけたり耳からはずしたりする部分が、目で見ることのできない難しい動作となります。このため、帽子をとる際にゴムを無理に引っ張って、ゴムが伸びてしまうこともあります。首のゴムの操作は視覚的に確認させながら、はじめは介助者が一緒に行うとよいでしょう。

◆導入方法

　帽子をかぶりたがらない子どももいます。その原因には、帽子によって視界が遮られたり頭部を締めつけられたりするのが嫌な場合や、ゴムが首回りにあるのが嫌な場合があります。子どもの様子に合わせて、短い時間から帽子をかぶる習慣をつけていくことが大切です。特に夏の熱中症の予防には、帽子は欠かせないものです。子どもの興味のある色を選ぶ、キャラクターなどのワンポイントをつけるといった工夫をして、帽子をかぶる・とる動作を身につける練習に取り組みましょう。

帽子をかぶる
キャップタイプの場合

① 子どもは椅子に座り、介助者は後ろに立つ

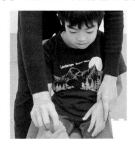

　子どもを椅子に座らせて、介助者はその後ろに立ちます。子どもが小さい場合には、介助者の膝の上に座らせてもよいでしょう。

② 左手で帽子の後ろ側を握り、右手で首のゴムと帽子のつばを持つ

　介助者は子どもの目の前に帽子を提示します。さらに子どもの左手で帽子の後ろ側を握らせて、介助者が子どもの手の上からホールドし、固定します（a）。次に、子どもに右手で帽子のつばを持たせ（b）、また首のゴムも一緒に子どもの右手に持たせます（c）。

③ 帽子の後ろ側を頭の後ろまでかぶせ、つばを持って前方をかぶせる

　　　　介助者は子どもの両手を持ち、帽子を頭の上にかぶせます。このとき、まず帽子の後ろ側をしっかり下に引っ張り、後頭部（頭の後ろ側）に帽子をかぶせます（a）。次に介助者は左手をはずさず、子どもの右手で持った帽子のつばを下に引っ張り、前頭部（頭の前側）に帽子をかぶせます（b）。このとき子どもが両手を放さないように、介助者は帽子を握った子どもの手の上からホールドし、手がはずれないようにしっかり持ちます。

④ 両手で首のゴムをあごと耳にかける

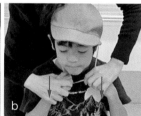

　　　　帽子がかぶれたら、介助者は子どもの両手で首のゴムを握るように誘導し、下に引っ張ってあごにかけます（a、b）。次に子どもの両手をそのまま持って耳にかけるように誘導します（c）。

帽子をとる
キャップタイプの場合

① 子どもは椅子に座り、介助者は後ろに立つ

　子どもを椅子に座らせて、介助者はその後ろに立ちます。子どもが小さい場合には、介助者の膝の上に座らせてもよいでしょう。

② 左手で帽子の後ろ側を、右手で帽子のつばを持つ

　介助者は子どもの左手で帽子の後ろ側を持たせるように誘導し、子どもが帽子を持ったらその手の上からホールドします（a）。次に子どもの右手で帽子のつばを握らせて、その手の上からホールドします（b）。

③ 帽子を後ろ側から前に下ろしてはずし、首のゴムを耳からはずす

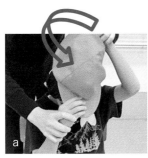

　介助者は子どもの両手を持ち、帽子の後頭部の部分を上に押し上げて帽子をずらし、頭からはずします（a）。次に介助者は子どもの手を放さず、両耳にかかったゴムを耳からはずします（b）。

HINT

帽子をとる練習のみから始めてもよい

　はじめは介助者が両耳から首のゴムをはずしておき、帽子をとる練習のみから始めてもよいでしょう。

11　カバン（ランドセル）を 背負う・下ろす

はじめに

　カバンにはさまざまな種類がありますが、子どもの場合は、リュックサックのような背負うタイプのカバンがよいでしょう。背負うタイプのカバンは両手を自由に使用できるため、転びそうになっても手を使って身を守ることができ、背中側から転倒した際には頭を守ることができます。

　"カバンを背負う・下ろす"という生活動作は、着替えの中でも特に、体の見えない部分である背中へのアプローチが必要な動作です。背負う際には、物に合わせて体を動かしていく必要があります。そのため、自分でできるようになるには時間がかかります。また、カバンを背負う動作は羽織る衣服の着脱動作と似ているため、羽織る衣服を片腕ずつ袖に通して着脱できるようになっているか、実施する前に確認しましょう。羽織る衣服をマントのように羽織って着ている場合には、片腕ずつ着る方法の練習を併せて行いましょう。

　小学生になると、ランドセルもしくはリュックサックを背負って登校する必要があります。年長になりランドセルを購入したら、事前に背負う練習をしましょう。就学前には、羽織る衣服の着脱を片腕ずつ行う練習も必ずしておきましょう。

知識編

◆環境設定

　ランドセルも近年は軽い素材、A4のファイルがそのまま入るサイズなど、さまざまな工夫がなされたものが販売されています。ランドセルは子どもの体に合わせて肩ベルトの位置などを調整する必要がありますが、適度な硬さがあり、自立することから、背負う練習に向いています。購入の際には店員に、どのようなものがよいか、サイズや調整のしかたなどを相談するとよいでしょう。

　カバンは、子どもの体の大きさや荷物の量に合ったものを選びましょう。カバンの容量が荷物に対して大きすぎると、背負って移動する際に中の荷物がカバンの中で移動し、カバンに体が振られて、背負っていると疲れやすくなります。また、カバンを購入したら子どもの体の大きさに合わせて、チェストストラップの位置や各種ストラップの長さ、肩ベ

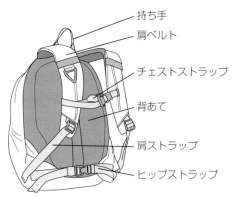

図1 ストラップや肩ベルトの調整ができる
カバンは子どもの体に合わせやすい

○ 良い位置
× 悪い位置

図2 肩ストラップの調整

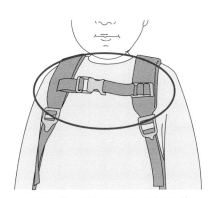

図3 チェストストラップの調整

ルトの位置を調整しましょう（**図1**）。肩ベルトは太くて厚みのあるしっかりしたものが背負いやすく疲れにくいです。

　調整をするときはまず、子どもをまっすぐ立たせてカバンを背負わせます。肩の高さにカバンの上部（天）が位置するように肩ストラップを調整し、肩ベルトの位置を合わせます（**図2**）。次にチェストストラップを子どもの胸より高い位置に合わせた後、長さを調整します（**図3**）。最後にヒップストラップの長さを調整します。ただし、長時間もしくは重い荷物を持たない場合は、ヒップストラップはつけなくてもよいでしょう。このようにストラップや肩ベルトの調整をすることで、カバンと背中の間に隙間ができず背中が背あてにぴったりフィットし、カバンを背負っていても疲れにくくなります。ストラップの余った部分が長い場合には、切って先端を縫うか熱で処理しましょう。

　カバン（ランドセル）を背負う練習は立位で行います。はじめはカバン（ランドセル）の中に物を入れず、空のままでテーブルに置き、装着する練習をします。最後に介助者と一緒に、子どもが立ったまま自分でカバン（ランドセル）を持って、背負う練習をしましょう。このとき、セーターなど厚手の洋服を着ていると、カバン（ランドセル）を背負う練

習がしづらくなります。一方で、襟ぐりの広い洋服やタンクトップのようなノースリーブの洋服では、肩ベルトが当たり、肘の皮膚が擦れてしまうことがあります。はじめは長袖のTシャツなど、薄手の上衣を着て練習しましょう。

◆介助のポイント

　背負う際には、はじめはカバン（ランドセル）に合わせて体を動かしていくことで、動きを覚えさせましょう。ランドセルは自立しやすく、肩ベルトに張りがあるので、立体的な構造を目で見て理解することができます。カバン（ランドセル）をテーブルの上に自立させて、視覚的に確認しながら、カバン（ランドセル）に向かって子どもが動き、背負っていきます。

　肩ベルトに腕を通す際には、必ず子どもの手から通し、次に肘や肩を通すようにしましょう。また子どもの体の向きを変える際には、介助者は子どもの背中を支え、重心の動きを介助しましょう。

◆導入方法

　ランドセルのかたちや色にはさまざまなバリエーションがあり、子どもの体や好みに合わせて購入できるのはうれしいことです。ランドセルは子どもにとって、特に"1年生になる"というモチベーションにつながるものです。ランドセルを購入したら、すぐに背負う練習をすると効果的です。取り組めたら必ず「さすがは1年生だね」「かっこいいね」などと褒めましょう。リュックサックなどの場合は、外出時に子どもの好きなものを入れて持たせると、自分から持つモチベーションにつながります。自分の荷物を自分で持つ習慣をつくっていくことが大切です。

実践編

ランドセルを背負う

① 子どもはランドセルを置いたテーブルの前に立ち、介助者は後ろに立つ

　子どもが立って腰の高さになるテーブルもしくは台を準備し、ランドセルを背あてを手前に向けて立たせておきます。子どもをテーブルの前に両足を肩幅程度に広げて立たせ、介助者はそのすぐ後ろに立ちます。

② 左手で左側の肩ベルトを握り、右手を肩ベルトに通す

子どもに左手で向かって左側の肩ベルトの中央部分を握らせ、介助者は子どもの手の上からホールドして固定します（a）。次に、介助者は子どもの右手を持ち、左手で持った肩ベルトに通します（b）。

③ 介助者が背中をアシストして、子どもの体を半回転させる

介助者は子どもの右腕を肩ベルトに通した後、子どもが半回転して介助者のほうを向くよう、肩や脇を誘導して重心を移動させるように介助します（矢印）。背中をランドセルにつけるように子どもに伝えるのもよいでしょう。

④ もう一方の肩ベルトに左手を通す

介助者は右手で向かって右側の肩ベルトを持ち、肩ベルトと背あてとの隙間を広げます。次に、介助者は左手で子どもの左手を持ち、肩ベルトに通すようにアシストします。

ランドセルを下ろす

① 子どもは立ち、介助者は子どもの左右のどちらかに立つ

子どもは両足を肩幅程度に広げて立ちます。介助者は子どもの左右どちらかに立ちます。介助者は子どもの左手でランドセルの右肩ベルトを握らせ、子どもの手の上からホールドして固定します。

② 右手を肩ベルトに通し、右肩からランドセルを下ろす

介助者は子どもの右腕を握り、子どもの右手を肩ベルトに通してランドセルを下ろすようにアシストします。このとき、重心をわずかに左に移動させておくと、腕を抜きやすくなります（矢印）。

③ 左肩ベルトを持ち、ランドセルを回転させて左肩から下ろす

ランドセルの左肩ベルトを子どもに右手で握らせて、介助者は子どもの手の上から固定します（a）。次に介助者はランドセルを持ち、ランドセルの重さを軽くします。ランドセルを回転させるようにして、子どもの左肩を肩ベルトから抜き、ランドセルを子どもの前に持ってきます（b）。

12　洋服をたたむ・袋にしまう・ハンガーにかける

はじめに

　着替え動作と一緒に取り組みたいのが、衣類の整理整頓です。脱いだ洋服をそのままにするのではなく、洗濯するものは洗濯物カゴに入れる、幼稚園や保育園、学校から持って帰るものは袋に入れる、もう一度着るものはハンガーにかけるなど、次の着替えに取り組みやすいかたちで準備することも、広い意味で着替え動作に含まれます。また、洋服をたためるようになると、少し大きくなってからお手伝いをするときにも役立ちます。

　お手伝いは、将来の生活スキルの練習につながります。子どもが積極的にお手伝いに取り組めるように、介助者が事前に工夫しておくことが重要です。少しずつ自分でできるようになり、できたことを褒められると、次も取り組もうという気持ちが芽生え、モチベーションが生まれます。何度も繰り返せば、将来の生活スキルの練習に幼少期から取り組むことになるのです。

　着替えと同様に、洋服をたたむ・袋にしまう・ハンガーにかけることは、洋服の構造の理解と空間把握が必要な動作です。洋服は複雑なかたちをしているので、はじめはフェイスタオルをたたむところから練習しましょう。また洋服を袋にしまう前に、日頃からおもちゃや、ままごとのお弁当箱を袋にしまう練習をするなど、扱いやすい身近なものから袋の開け閉めに取り組んでおくとよいでしょう。

知識編

◆環境設定

　洋服は少し厚みのあるものを用意しましょう。レーヨンや薄手の綿などのよれやすい素材は扱いにくいため、はじめはトレーナーなどがよいでしょう。洋服の厚みや重みによって、持った感覚がわかりやすくなります。また子どもの体に対して大きすぎるものは扱いにくいため、子どもの洋服で扱いやすいものか、フェイスタオルなどから練習しましょう。

　洋服を袋にしまう際には、事前に袋にクリアファイルや下敷きのようなプラスチックの張りがあるものを入れておくと、袋の布がたわみにくくなり、洋服の布との摩擦も少なくなるためしまいやすくなります（**図1**）。袋は大きめのものにしましょう。

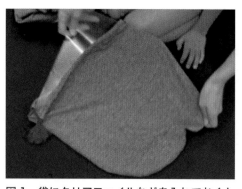

図1　袋にクリアファイルなどを入れておくと扱いやすい

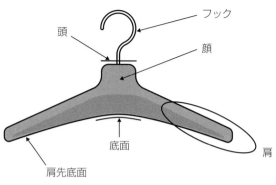

図2　ハンガー各部の名称

（図2内ラベル）フック／頭／顔／肩／底面／肩先底面

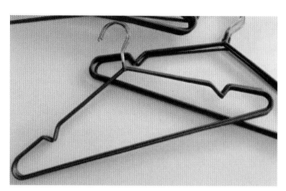

図3　ワイヤーハンガー

　洋服をハンガーにかける際には、子どもの洋服の大きさに合った使いやすいハンガーを用意しましょう（**図2**）。ハンガーには、かけた洋服が滑り落ちにくいように、ワイヤーハンガーをビニールで加工してあるものなどもあります（**図3**）。また洋服にハンガーを通す場合には、洋服を広げてダイニングテーブルなど高さのあるテーブルの上に置き、ハンガーを通すのもよいでしょう。

◆介助のポイント

　衣類の整理整頓の前に、まずは洋服をしっかり伸ばして広げておくことが重要なポイントです。しっかり伸ばして広げておくことで、洋服の全体的な構造を見て確認することができます。

〈洋服をたたむ〉

　たたむ前には洋服をしっかり伸ばしましょう。袖のねじれを直し、洋服のよれも伸ばしましょう。よれがなく布に張りがあるほうが、洋服をたたみやすくなります。また、特に洋服を半分にたたむために前後左右に大きく動かす際には、腕のみを動かすのではなく、子どもの体の重心を移動させるように介助するとよいでしょう。

　洋服の構造を理解してたたむのは難しいことです。どこに向かってたたむのか、介助者

図4　ループを壁のフックにかける練習からスタートするとよい
a：首元のタグにひもを通す，b：綾テープでループをつくる

は目標となる点をあらかじめ示すようにしましょう。

〈洋服を袋にしまう〉

　洋服を袋にしまう際には、洋服を入れる袋の入り口を広く開けるようにします。介助者は、一方の手では子どもと一緒に袋の入り口の上側を握り、もう一方の手では入り口の下側を固定し、袋の入り口を広く保つように工夫することがポイントです。

〈洋服をハンガーにかける〉

　洋服をハンガーにかける際には、左右どちらかの手でハンガーを握り、もう一方の手で洋服を操作するといったように、左右の手で別々の動きをすることになります。左右の手で別々の動きをすることが難しい場合は、テーブルに洋服を置いて操作すると、途中で洋服やハンガーを落とすことを防止できます。かぶる衣服をハンガーにかける場合には、袖山までハンガーの肩をしっかり通しましょう。

◆導入方法

　本章では洋服や靴下の着脱についてもご紹介していますが、着脱の際にポイントとなるのが、「洋服が裏返しにならないように脱ぐこと」です。衣類の整理整頓の前に、まずは脱ぎ方に注意して取り組みましょう。

　衣類の整理整頓は、脱いだ後に取り組む行動と連動しています。わかりやすい場面設定として、お風呂に入るために洋服を脱いだとき、脱いだものを洗濯物カゴに入れるところから始めるとよいでしょう。また、はじめからハンガーに洋服をかけるのは難しいため、上着の首元のタグにひもを通してループをつくり、ループを壁のフックにかける練習などからスタートするとよいでしょう（**図4a**）。首元にタグがない上着の場合は、綾テープ（綾織りのテープ）を縫いつけてループをつくりましょう（**図4b**）。

　たたむ練習としては、フェイスタオルなどたたみやすいものから始めましょう。タオルをたたむことができるようになったら、休日などの子どもも介助者も時間に余裕があるときに、脱いだパジャマをたたむ練習にも取り組みましょう。

かぶる衣服をたたむ

① 子どもは座り、介助者は後ろに座る

子どもを床に座らせて、介助者は子どもの横後ろに座ります。このとき、介助者は子ども側の足の膝を立てるとよいでしょう。

② 洋服を伸ばして広げる

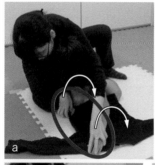

洋服の胴がねじれている、表と裏が逆である場合には、子どもに片側の肩と裾を握らせ、介助者はその手の上からホールドして固定します（a）。介助者は肩と裾を握った子どもの手と一緒に両手で同時に布を持ち上げ、洋服を裏返して胴周りを広げます（b）。また、洋服の向かって右の袖を子どもの右手で、向かって左の裾を子どもの左手で持たせ、介助しながらたわみがないように伸ばし、左の袖と右の裾も同様に持たせて伸ばします（c）。最後に両手で洋服の両肩を持たせ、洋服をしっかり伸ばします（d）。

③ 向かって右の袖口を裾の左端に置く

　子どもの右手で洋服の向かって右の袖口を持たせ、介助者は子どもの手の甲の上からホールドします（a）。次に、裾の左端の目標点（星印）を介助者は左手で指し示し続け、そこに向かって右手で握った袖口を移動させます（b）。

④ 向かって左の袖口を裾の右端に置く

　③と同様に、子どもの左手で洋服の向かって左の袖口を持たせ、介助者は子どもの手の甲の上からホールドします（a）。次に、裾の右端の目標点（星印）を介助者は右手で指し示し続け、そこに向かって左手で握った袖口を移動させます（b）。

⑤ 裾の左右を両手で持ち、襟口に置いて半分にたたむ

　裾の左右を子どもの両手で握らせて、介助者は子どもの手の甲の上からホールドします（a）。襟口の目標点（星印）に向かって、両手で左右の裾を同時に移動させます（b）。このとき、介助者は子どもの手だけを動かすのではなく、子どもを少しずつ前傾姿勢にし、重心が前に移動するように介助しましょう。

⑥ 半分になった洋服の右端の上下を持ち、さらに縦半分にたたむ

子どもに半分の大きさになった洋服の右端の上と下を持たせ、介助者は子どもの手の甲の上からホールドします（a）。両手を同時に移動させ、そのまま縦半分になるように重ね合わせます（b）。

※縦半分にたたむ方向は子どもの利き手に合わせて、右利きなら左側に、左利きなら右側に移動させます。

羽織る衣服をたたむ

① 子どもは座り、介助者は後ろに座る

「かぶる衣服をたたむ」と同様。

② 洋服を伸ばして広げる

「かぶる衣服をたたむ」と同様。

③ 向かって右前身頃の裾と襟口を握り、右側を半分に折りたたむ

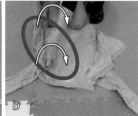

介助者は向かって右前身頃の裾を子どもの右手で握らせます（a）。次に右前身頃の襟口を子どもの左手で握らせて、介助者は子どもの手の甲の上からしっかりホールドします（b）。そのまま洋服の中心まで持っていき、右側を

半分にたたみます（c）。

---

④ 向かって左前身頃の裾と襟口を握り、左側を半分に折りたたむ

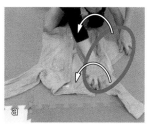 

③と同様に、介助者は向かって左前身頃の裾を子どもの左手で握らせます。次に左前身頃の襟口を子どもの右手で握らせて、介助者は子どもの手の甲の上からしっかりホールドします（a）。そのまま洋服の中心まで持っていき、左側を半分にたたみます（b）。

---

⑤ 向かって右の袖口を裾の左端に置く

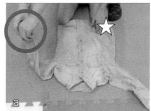 

子どもの右手で洋服の向かって右の袖口を持たせ、介助者は子どもの手の甲の上からホールドします（a）。次に、裾の左端の目標点（星印）を介助者は左手で指し示し続け、そこに向かって右手で握った袖口を移動させます（b）。

---

⑥ 向かって左の袖口を裾の右端に置く

⑤と同様に、子どもの左手で洋服の向かって左の袖口を持たせ、介助者は子どもの手の甲の上からホールドします（a）。次に、裾の右端の目標点（星印）を介助者は右手で指し示し続け、そこに向かって左手で握った袖口を移動させます（b）。

⑦ 裾の左右を両手で持ち、襟口に置いて半分にたたむ

裾の左右を子どもの両手で握らせて、介助者は子どもの手の甲の上からホールドします（a）。襟口の目標点（星印）に向かって、両手で左右の裾を同時に移動させます（b）。このとき、介助者は子どもの手だけを動かすのではなく、子どもを少しずつ前傾姿勢にし、重心が前に移動するように介助しましょう。

⑧ 半分になった洋服の右端の上下を持ち、さらに縦半分にたたむ

子どもに半分の大きさになった洋服の右端の上と下を持たせ、介助者は子どもの手の甲の上からホールドします（a）。両手を同時に移動させ、そのまま縦半分になるように重ね合わせます（b）。

※縦半分にたたむ方向は子どもの利き手に合わせて、右利きなら左側に、左利きなら右側に移動させます。

ズボンをたたむ

① 子どもは座り、介助者は後ろに座る

「かぶる衣服をたたむ」と同様。

② ズボンを伸ばして広げる

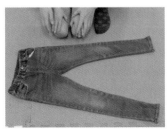

ズボンはウエストが右側にくるように横にして置き、伸ばしておきます。

※子どもが右利きの場合はウエストが右側に、左利きの場合はウエストが左側にくるように置きましょう。

③ ズボンの足の上と下を握る

　介助者は子どもの右手でズボンの体に近いほうの腰の辺りを（a）、左手で体に近いほうの裾を握らせ（b）、子どもの手の甲の上からホールドします。

④ 両手でズボンの握ったほうの足を持ち上げて、もう一方の足に重ねる

　介助者は子どもと一緒に、ズボンの握ったほうの足を両手で同時に少し持ち上げ（a）、もう一方の足とぴったり重ね合わせます（b、c）。

⑤ ウエストの左右を両手で握り、持ち上げて裾と重ね合わせる

 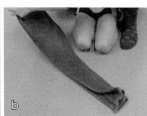

　介助者は子どもにズボンのウエストの体から遠いほうを左手で、近いほうを右手で持たせ、子どもの手の上からホールドして固定します。次に両手をそのまま天井のほうに持ち上げて、ズボンの中心を子どもの体の近くに移動させます（a、b）。そのままズボンのウエストと裾（星印）が重なり合うように移動させます（c）。

⑥ たたんで輪になった部分の左右を両手で握り、ズボンのウエストと重ね合わせる

介助者は子どもにズボンのたたんで輪になった部分の体から遠いほうを左手で、近いほうを右手で持たせ、子どもの手の上からホールドして固定します（a）。両手を同時に移動させ、輪になった部分とウエスト（星印）が重なり合うように移動させます（b）。

靴下をたたむ

① 子どもは座り、介助者は後ろに座る

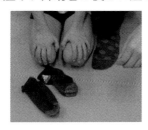

子どもを床に座らせて、介助者は子どもの横後ろに座ります。このとき、介助者は子ども側の足の膝を立てるとよいでしょう。靴下は座っている子どもの前に置きます。

② 靴下を伸ばして広げ、2枚を同じ向きに重ね合わせる

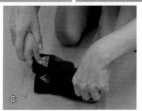

介助者は子どもの手をとり、よれている靴下を伸ばします（a）。靴下の甲の部分とかかとを持って左右に引っ張り、次にかかととつま先を持って左右に引っ張ると広がりやすいでしょう。靴下が伸びて広がったら床に置き、2枚を同じ向きに重ね合わせます（b、c）。

③ 2枚に重ねた靴下の左側の履き口に右手の親指を入れ、左手の親指も同じく入れる

子どもに右手で2枚に重ねた靴下を持たせ、左側の履き口に子どもの右手の親指を入れ、介助者は子どもの手の上からホールドします（a）。次に、同じ箇所に子どもの左手の親指も入れ、介助者が子どもの手の上から固定します（b）。

④ 両手首を外側に返して、2枚の靴下の履き口を重ね合わせる

介助者は子どもと一緒に両方の手首を外側に返して、親指を入れた左側の靴下の履き口をひっくり返します（a）。このとき、右手の手首を大きく返すとよいでしょう（b）。このように、靴下の履き口をひっくり返して重ね合わせると2枚1組になります。

HINT

靴下が裏返った場合の簡単な対応：片手

介助者が裏返った靴下をたぐり寄せて、左右に引っ張りながらつま先の部分を出します（a）。つま先部分を子どもにつまませ、上に引っ張らせます（b、c）。最後は介助者が靴下の履き口のゴムをひっくり返します（d）。

靴下が裏返った場合の簡単な対応：両手

　介助者が裏返った靴下をたぐり寄せて、つま先を出します（a）。子どもに右手でつま先を握らせ（b）、左手で靴下の履き口を握らせます。介助者は右手で子どもが靴下を固定している左手の上からホールドし、固定を介助します（c）。子どもに右手でつまんだつま先を天井方向に引っ張らせます（d）。最後は介助者が子どもと一緒に、靴下の履き口のゴムをひっくり返します。

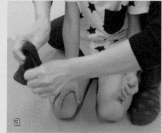
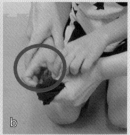

靴下が裏返った場合の次のステップ：両手

　裏返った靴下の履き口の一端を子どもに左手で持たせ、介助者は子どもの手の上からホールドして固定します（a）。介助者は右手で靴下の履き口のもう一方の端を持ち、左右に強く引っ張ります（b）。子どもに右手を靴下の一番底まで入れるように伝え、底（つま先）を握らせます（c）。靴下のつま先を握ったまま靴下から手を出すように、子どもに肘を後ろに引かせます（d）。

洋服を袋にしまう

① 子どもは座り、介助者は後ろに座る

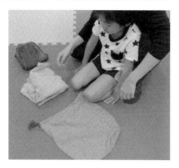

　子どもを床に座らせて、介助者は子どもの横後ろに座ります。このとき、介助者は子ども側の足の膝を立てるとよいでしょう。袋は広げておき、たたんだ洋服と袋を、座っている子どもの前に並べて置きます。

② 袋を左手で持つ

　介助者は、子どもの左手で袋の入り口の上側を握らせ、子どもの手の甲の上からホールドして固定します。

③ 右手で洋服を持ち、左手の袋の入り口を広げて洋服を袋にしまう

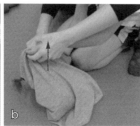

　子どもに右手で洋服を持たせます。介助者は袋の入り口の下側を押さえて、袋が床から上がりすぎないように固定します（a）。また、左手で子どもと一緒に袋の上側を持ち上げ、入り口を広げます（b）。子どもに右手に持った洋服

を袋にしまわせます（c）。

④ 袋のひもの出入り口とひもを握り、袋の口を閉じる

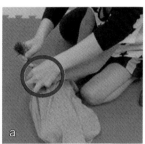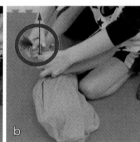

　袋のひもの出入り口を子どもの左手で握らせ、介助者は子どもの手の上からホールドします（a）。併せて子どもに右手でひもを握らせ、介助者はその手の上からホールドします。そのままひもを天井のほうに引っ張るようにして、袋の口を閉じます（b）。

HINT

洋服を一つにまとめて袋に入れる

　洋服が複数ある場合は、かたちが崩れにくいものに挟んで一つにまとめると、袋に入れるときに扱いやすくなります。

　ズボンを半分にたたんでおき、子どもの目の前に置きます（a）。ズボンの右端に、たたんだ洋服を置きます（b）。介助者は子どもの右手でズボンの左端を持たせ、子どもの手の上からホールドして固定します（c）。介助者は子どもと一緒に、洋服を間に挟んでズボンを半分に折りたたみ、一つにまとめます。次に介助者は子どもに左

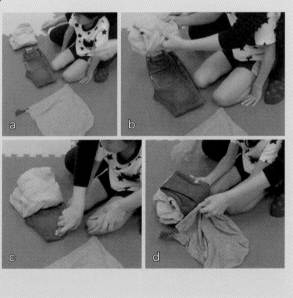

手で袋の入り口の上側を持たせ、その手の上からホールドして固定し、洋服を右手に持たせます（d）。

　介助者は子どもと一緒に、袋を持った左手を少し持ち上げて入り口を広げ、さらに介助者は入り口の下側を押さえ、子どもが袋に洋服を入れやすいようにアシストするとよいでしょう。

羽織る衣服をハンガーにかける
ラックにかかったハンガーの場合

① 子どもはラックの前に立ち、介助者はすぐ後ろに立つ

　子どもをラックの前に立たせ、介助者はそのすぐ後ろに体を密着させて立ちます（a）。介助者は子どもの左手で、洋服の首元についているタグ（もしくは襟の中心）をつかませます。さらに介助者は子どもの手の上からホールドして固定します（b）。

② 右手で洋服の向かって左肩にハンガーを通し、通した肩を左手でつかむ

　介助者は子どもに右手でハンガーをつかませ、ハンガーをつかんだ子どもの手の上からホールドして固定し（a）、ハンガーを操作して洋服の向かって左肩の奥まで通します（b）。奥までハンガーが通ったら、介助者は子どもの手をホールドしたまま右手で襟とハンガーをつかみ、洋服がハンガーから落ちないように固定します（c）。次に子どもと一緒に左手で、通した洋服の上からハンガーを持ち固定します（d）。

③ 右手で洋服の向かって右肩にハンガーを通す

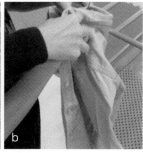

介助者は子どもの右手で洋服の襟をつかませ、子どもの手の上から握り（a）、そのまま洋服の向かって右肩にハンガーを通します（b）。

④ 両手で洋服のかかったハンガーを持ち、ラックにかける

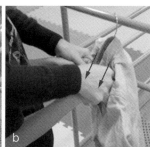

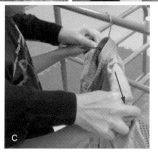

洋服がハンガーにかかったら、ハンガーをラックにかけます（a）。その後、両手で洋服の襟口をハンガーの中心に整え（b）、肩を左右に引っ張って、洋服のシワを伸ばします（c）。

HINT

着せるようにして洋服をハンガーにかける方法

もう少し簡単な方法に、ハンガーに着せるように洋服をかける方法があります。

ハンガーのかかったラックの前に子どもを立たせ、介助者は子どものすぐ後ろに立ちます。介助者は洋服の背中側を広げて子どもに見せ、子どもに両手で洋服の襟口

の左右を持たせます。さらに介助者が子どもの手の上からホールドして固定します（a）。介助者は子どもと一緒にハンガーを洋服の右肩から袖山に奥まで通し、ハンガーの向きを変えます（b、c）。同様に洋服の左肩から袖山にもハンガーを奥まで通します（d）。

羽織る衣服をハンガーにかける
テーブルに広げた洋服の場合

① 子どもはテーブルの前に立ち、介助者はすぐ後ろに立つ

子どもをテーブルの前に立たせ、介助者はそのすぐ後ろに立ちます。羽織る衣服は広げてテーブルの上に置きます。左右の前身頃も開いておくようにしましょう。

② 右手でハンガーを持ち、左手で向かって左前身頃をつかみ、ハンガーを肩に通す

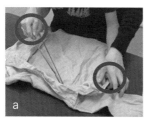

子どもに右手でハンガーを持たせ、介助者は子どもの手を上からホールドし、固定します。次に子どもに左手で向かって左前身頃の前立て部分をつかませ、介助者も子どもの手の上からホールドし、固定します（a）。介助者は子どもと一緒に左手を少し持ち上げて、右手に持ったハンガーを向かって左肩の奥まで通します（b）。

③ 右手で向かって右前身頃をつかみ、左手でハンガーの位置を肩の奥まで入れる

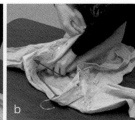

介助者は子どもに右手で向かって右前身頃の前立て部分を握らせ、子どもの手の上から固定します（a）。右前身頃を持ったまま、介助者は子どもの左手と一緒にハンガーの位置を修正し、ハンガーを向かって右肩の奥まで入れます（b）。次に、右手に持っていた前身頃を中心に寄せ、洋服をハンガーにセットします（c）。

④ 両肩の部分を持ち、ラックにかける

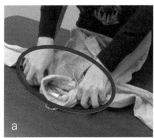
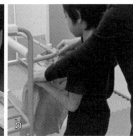

ハンガーにセットされた洋服の両肩の部分を子どもに左右の手で持たせ、介助者は子どもの手の上からホールドして固定します（a）。そのまま洋服とハンガーを一緒に持って、ラックにハンガーをかけます（b）。最後に襟を両手で持ち、洋服を整えます（c）。

かぶる衣服をハンガーにかける
テーブルに広げた洋服の場合

---

① 子どもはテーブルの前に立ち、介助者はすぐ後ろに立つ

　子どもをテーブルの前に立たせ、介助者はそのすぐ後ろに立ちます。かぶる衣服は広げてテーブルの上に置き、シワを伸ばします。ハンガーは子どもの洋服の横幅よりも小さいものを用意しましょう。

---

② 洋服の中にハンガーを通して襟口からフックを出す

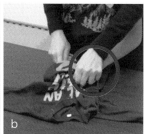

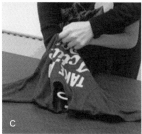

　介助者は子どもの右手でハンガーを、左手で洋服の裾をつかませ、それぞれの手の上からホールドして固定します（a）。ハンガーを裾から洋服の中に通し、左手で洋服をたぐり寄せ（b）、襟口からハンガーのフックを出します（c）。

---

③ 襟口から出たフックを持ち、洋服の左右の肩のよれを直して、ラックにかける

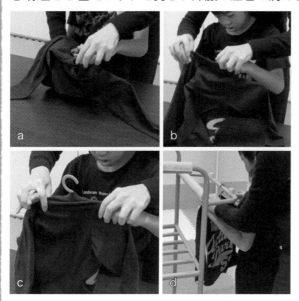

襟口から出てきたハンガーのフックを持って（a）、子どもと一緒に洋服の左右の肩のよれを片方ずつ伸ばします（b、c）。そのまま両手でラックに洋服をかけます（d）。

COLUMN

感染症対策の工夫　学校編②

◆拭き掃除

　ぞうきんを扱う際、バケツの周りに子どもたちが集まることや、ぞうきんの汚れがとれないまま同じバケツの水が複数回使われることが多くあります。机を拭く際は使い捨てのペーパータオルを使ったり、床を拭く際はモップを使ったりすることで感染対策しながら、"教室がきれいになって過ごしやすい"という清潔への意識を育てていきましょう。除菌スプレーや消毒液を使用する際は、適切な使用方法を確認することはもちろんですが、誤飲したり目に入ったりすることがないように、くれぐれも注意しましょう。

第3章
食事動作

1　姿勢を正す

はじめに

　食事をとる際には、まず姿勢を正すところから始めましょう。食事の一連の動作を行うには、食べ物を認識し、食具を操作して食べ物を口まで運び、咀嚼して、飲み込むことが必要になります。姿勢を正すことは、食べ物を認識する力が高まる、食具を操作しやすくなる、食べこぼしが減る、咀嚼から嚥下までの動作が行いやすくなるなど、食事のすべての要素に関連しています。また、食べ物を正しく摂取できると、消化・吸収する力が増すことで、体の成長にも影響を与えます。そのため、まずはしっかりと正しい姿勢で食事をとれるようになることが重要です。

知識編

◆環境設定

　食事と関係のないものに注意が逸れないように、あらかじめ準備をする必要があります。例えば、食事中はテレビを消す、スマートフォンを触らないまたは触らせない、食事に必要なもの以外はテーブルの上に置かないなどです。テレビやスマートフォンなどを観ながらの食事は姿勢が崩れる要因となるので、事前に環境調整を行っておくことが重要です。

　次に、テーブルや椅子の高さを子どもの体の大きさに合わせて調整しましょう。椅子は、膝を90度に曲げて足の裏が足台（床）につくくらいの高さに合わせます。テーブルは、上肢をのせたときに肘が90度くらいに曲がる高さに合わせます。身の回りにあるものを利用して、椅子の高さが低い場合にはクッションを用いたり、テーブルの高さが高い場合には椅子全体を持ち上げるように土台を敷いたりすることで対応しましょう。

◆介助のポイント

　殿部をしっかりと椅子の奥まで入れて座るように促しましょう。体を伸ばすときは、子どもの胸と背中を両手で支え、上に引き上げるようにして伸ばします。子どもは背もたれを利用したり、殿部を前に滑らせて後ろにもたれて座ったり、ちょっとしたことで姿勢が崩れてしまいます。殿部が滑らないように、必要に応じて滑り止めマットを座面に敷くことなどが有効です。自分で意識できるまでは、そのつど修正してあげましょう。食事中は

食事に注意を向けているため、過度な声かけなどは控えることも大事になります。

◆導入方法

　子ども自身が、自分の姿勢を正しくとらえられていない場合もあります。その場合は、良い姿勢の状態とそうではない状態の違いに自分で気づけるように、写真を撮る、良い姿勢のときは褒めてあげるなど、良い姿勢を保つことに意識を向けやすくなるように関わりましょう。

　また、姿勢を保つことが難しい子どもの場合は、まずは姿勢を保つ運動などを日常的に取り入れましょう。食事場面では、姿勢が崩れにくいように座面の左右にクッションを置くなど、子ども自身が姿勢を保つことだけで精一杯にならないようにする工夫も重要です。あくまでも、最も重視すべきは「食事を楽しくとること」ですので、これを忘れないようにしましょう。

実践編

姿勢を正す

① 両足の裏を足台（床）に接地させる

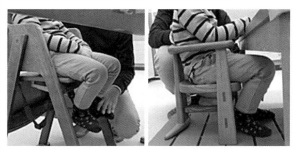

　足台（床）に足の裏がつくように、クッションや土台を利用して椅子の高さを調整しましょう。膝が90度程度に曲がる高さに合わせ、両足の裏を接地させることがポイントです。

② 殿部を椅子の奥まで入れる

　椅子の奥までしっかり座れるように、子どもの殿部を引き上げます。介助者は子どもの腰を両側から支えながら殿部を後方に引きつつ、背もたれに這わせるように上に持ち上げて、姿勢を直しましょう。腰で支えられない場合は、ズ

ボンのウエスト部分をつかんで持ち上げる方法も可能です。

③ 椅子をテーブルに近づける

姿勢を正したら、椅子をテーブルに近づけましょう。このときに子どもの姿勢が崩れることがあるので、その場合は次のステップで再度、姿勢を修正しましょう。

④ 両手をテーブルにのせ、体を起こし、テーブルと体との距離を調整する

子どもの両手をテーブルにのせ、体を前に起こします。介助者は、背面は子どもの腰部に手を当てて斜め上方向に力を加え、体を伸ばすよう促します。一方、前面は子どもの胸部に手を当てて下方向に力を加え、体を反らせすぎないように腹部のほうへと促します。背面と前面を同時にコントロールすることが安定した姿勢の保持につながります。テーブルと体との距離はコブシ一つ分程度になるようにしましょう。また、体はやや前傾するくらいがちょうどいいので、椅子をテーブルに近づける際は、離れすぎたり近すぎたりしないようにしましょう。

⑤ 両手をテーブルにのせる

　最後に、テーブルに両手をのせて完成です。テーブルは、上肢をのせたときに肘が90度くらいに曲がるのがちょうどいい高さです。

COLUMN

感染症対策の工夫　学校編③

◆休み時間

　体育館やプレイルーム、校庭の使用をクラスごとに割り当てて、密にならないように工夫している学校も多いと思います。マスクを着用したままの運動は熱中症や呼吸が苦しくなるといったリスクもあり、体育の授業ではマスクの着用は必要ないとされています（スポーツ庁）。特別な支援が必要な子どもは体の変化に気づきにくい場合がありますので、運動前にはマスクをはずすように声をかけ、はずしたマスクの管理についても丁寧に指導するようにしましょう。

2 飲み物を飲む

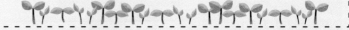

はじめに

　子どもの摂食動作は、生まれたばかりの頃は母乳やミルクを摂取するための哺乳動作として出現していることが知られています。哺乳動作は主に原始反射により行われ、これはその後に獲得する摂食動作とは異なる動きによるものです。離乳期に入ると、この原始反射が徐々に減弱することで、口腔機能の発達が促され、食べ物を摂取できるようになります。この時期はまだ母乳や哺乳瓶による栄養摂取が必要ではありますが、スプーンで水分の一口飲みができるようになります。口腔内で水分を処理して、安全に嚥下できるようになると、大きめのスプーンまたはレンゲを用いて一口量をすすって飲めるようになります。

　コップで飲めるようになるためにも、まずは大きめのスプーンまたはレンゲを横にした状態で用いて水分を摂取できるように練習しましょう。

知識編

◆環境設定

　まずは子どもを正しい姿勢で椅子に座らせます（本章「1 姿勢を正す」を参照）。飲み物を飲む練習は、お茶や水などから始めましょう。具が入っているもの、例えばみそ汁などは、むせやすい飲み物になります。

　コップ飲みを行う前には、大きめのスプーンやレンゲを用いたすすり飲みをできるようにしておきましょう。また、コップで飲む際には、できるだけ飲み物を多めにコップに入れましょう（図）。量が少ないと、コップを過剰に傾けて、首を反らせて流し込んで飲もうとしてしまいます。

　ペットボトル飲みの練習は、コップ飲みができるようになってから行いましょう。ペットボトルを早くから使用すると、口唇ではなく舌を使って飲み口を押さえ、水分の量を調節することを覚えてしまいます。そのため、正しい飲み方ではなくなる危険性があります。またペットボトルの場合、キャップの開けはじめは非常に固く、子どもによっては開けることが困難です。最初は介助者がキャップを軽く開けた状態で子どもに渡して、一緒に開ける練習をしましょう。

図　飲み物の量の例

◆介助のポイント

　飲み物を飲む練習をする際には、まずは大きめのスプーンやレンゲでのすすり飲みをできるようにしましょう。このとき、スプーンやレンゲは横にした状態で、口唇が触れる程度にします。介助者は、スプーンやレンゲを傾けて水分を口腔に流し込まないように注意しながら、子どもが顔を少し下に向けた状態で自分ですすり飲みできるように介助しましょう。

　コップなどで練習する場合も同様に、過剰に傾けないことが重要です。子どもがコップなどを持ち上げすぎないように注意しましょう。首が反ってしまうと、飲み物を口腔へ流し込むことで飲んでしまいます。そうなると、口の機能の発達が促されないだけではなく、むせる原因にもなってしまいます。介助者は、口で水分を摂取する力の発達を促すように介助し、正しく飲ませてもむせやすい場合には増粘剤を利用するなどして、安全に飲めるようにしましょう。

　ペットボトルでは、飲み口の直径が大きいものはコップのように傾きを調整して飲むことができますが、飲み口の直径が小さいと、ペットボトルを過剰に傾けて流し込むことで飲んでしまうようになります。ペットボトルの大きさや内容量にも注意しましょう。

◆導入方法

　介助者は、後方または前方から介助を行います。最初のうちは後方からの介助を行いましょう。コップなどの正しい持ち方や、手の正しい動かし方を促すとともに、必要であれば体全体でコップに向かっていけるよう体の誘導も行いましょう。

　また、コップなどをどの程度傾けたらよいかを学習するためには、身体運動を正しく知覚できる必要があります。しかしながら、身体感覚は目に見えないため、最初のうちは飲み物がコップの傾きによって動くことを目で確認させながら、どの程度傾けたらよいかの感覚を身につけさせましょう。勢いよく傾けすぎないような動作や力加減を学ぶことが重要です。

飲み物を飲む
スプーン飲みまたはレンゲ飲みの場合

スプーン飲み

レンゲ飲み

スプーン（a〜f）またはレンゲ（g〜l）を用いたすすり飲みの介助では、介助者はスプーンやレンゲを横にして使用します。スプーンは大きめのものを使用しましょう。

子どもはスプーン（レンゲ）に対して頸部を前方へ傾けた状態で口唇をつけます。介助者は子どもがスプーン（レンゲ）に口唇をすぼめた状態でつけているか確認します。この状態で、介助者は子どもがスプーン（レンゲ）を上に持ち上げて水分を口腔へ流し込まないように注意します。あくまでも、顔を少し下に向けた状態ですすり飲みを行うことが目的ですので、介助者はスプーン（レンゲ）を子どもに合わせて動かさないようにします。

子どもがすすり飲みをして、スプーン（レンゲ）の中の水分が少なくなってきたら、少し子どものほうに傾けて、水分が口唇に触れ続けるようにしましょう。

飲み物を飲む
コップ飲みの場合

※スプーンやレンゲでのすすり飲みができるようになってから始めましょう。

---

① コップを支える

　介助者は後方（a）または前方（b）から、子どもの両手を包み込むように一緒にコップを支えます。

---

② コップを持ち上げ、口元に持ってくる

介助者は子どもと一緒にコップを持ち上げ、口元に持っていきます。このとき、子どもの視線がコップに向いていること、体が自然とコップに向かって前のめりになっていることが重要です。

③ コップを口元に近づける

介助者はコップを子どもの口元に近づけます。このとき、子ども自身が自分からコップを口元に近づけられるように、コップと口唇が密着しない程度の距離で手を止めましょう。また、コップの底が口唇よりも高い位置に上がらないことが重要です。コップを高く上げすぎると首が反ってしまい、飲み物を口腔に流し込んで飲むことや、むせの原因になります。

④ コップから飲む

子どもがコップに口唇をつけ飲み物を飲んでいる間は、介助者は子どもがコップを傾けすぎないように調整しましょう。下口唇にコップを当て、上口唇に水分が触れる程度に傾けて、コップを固定します。まずは一口ずつ飲めるようにしていき、しだいに連続飲みができるようにしましょう。

※コップ飲みができるようになってから始めましょう。

① キャップを開ける

ペットボトルのキャップは左回りで開きます。介助者は、後方（a）または前方（b）から一緒にペットボトルのキャップを持ち、左回りに手首を回転させましょう。ペットボトルを支えている手は、反対の右回りに回すとよりスムーズにキャップを開けることができますが（c、d）、両手の操作が難しい場合は、固定することに専念させましょう。

② ペットボトルを支える

介助者は後方または前方から、子どもの両手を包み込むようにペットボトルを支えます。ペットボトルは真ん中より下側で持つようにします。上のほうを持つと傾けた際に、水分の重さによってバランスをとりにくくなり、勢いよく傾いて飲み物が口からこぼれてしまう可能性があります。

③ ペットボトルを持ち上げ、口元に近づける

　ペットボトルを口元に持っていきます。このとき、子どもの体がペットボトルに向かって前のめりになっていることが重要です。ペットボトルから飲むときは、ペットボトルの飲み口を口でくわえないように、下口唇に触れた状態で飲むことが重要です。介助者は子どもが飲み口をくわえないように介助しましょう。

④ ペットボトルから飲む

　ペットボトルもコップと同様に、傾けすぎて飲み物を口腔に流し込まないようにしましょう。量が少なくなったとき以外は、首を反らさない状態で飲めるように介助者が介助しましょう。必要であれば、ペットボトルのラベルを剥がして中身が見えるようにして傾けるとよいでしょう。

※口腔機能に問題がない場合は、ペットボトルの飲み口をくわえ、首を反らせた状態で連続飲みを行っても大丈夫です。

3　ストローで飲む

はじめに

　ストローの活用は外出時の利便性が高まることから、保護者が早期から希望する場合があります。しかしながら子どもの発達段階としては、コップ飲みが完成した後に、ストローからの水分の摂取ができるようになります。つまり、ストロー飲みができるようになるためには、コップ飲みができるようになっている必要があります。代表的な発達スクリーニング検査の一つである「遠城寺式乳幼児分析的発達検査」においても、「コップを自分で持って飲む」が 10～11 カ月であるのに対して、「ストローで飲む」は 1 歳 6 カ月～1 歳 8 カ月になっています。

　近年の傾向として、ベビー食器が数多く開発され便利になった反面、口腔機能の発達にかかわらず子ども自身が食器に適応している場合も少なくありません。正しい道具の活用は、機能的な発達を促すだけではなく、子どもの道具への適応を助けることにつながります。口腔機能の発達に伴って、コップ飲みからストロー飲みに移行していきましょう。

知識編

◆環境設定

　ストローで水分を摂取する場合、子どもがストローをくわえて、陰圧によって水分を口まで運ぶことが求められます。そのため、ストローの太さは、子どもがくわえても隙間ができない太さにしましょう。ストローが細すぎると、吸い込む力は小さくてすみますが、一定量の水分を摂取するためには吸っている時間が長くなってしまいます。逆にストローが太すぎると、吸い込む力が必要になります。子どもが過剰な努力なく飲める適当な太さのストローを選択しましょう。

◆介助のポイント

　ストローで飲み物を飲む練習をするときは、子どもがストローを歯でかまないように注意します。ストローを口の奥まで入れてしまうと、歯でかんだり舌で挟んだりして固定してしまいます。口唇でくわえるよう促すことで、飲む量の調整や連続飲みができるようになります。介助者は、くわえてもらいたい長さを残し、それ以上はくわえられないように

してストローを持ちます。子どもが上下の口唇でくわえているかを確認して、長さを調整しましょう。子ども自身が調整するときには、ストローに目印をつけるなどして、くわえる部分をわかりやすくしましょう。

◆導入方法

　ストロー飲みの練習は、コップ飲みができるようになってから行いましょう。コップですすり飲みができるようになると、口腔内で陰圧をつくることができるようになります。ストロー飲みをするためには、この口腔内の陰圧をつくることが必要です。

　ストロー飲みの練習を行うときは、市販されている一部のベビー食器にあるような、口でくわえて容器を傾けるタイプや、歯でかむことで飲水できるタイプの使用は控えましょう。

　ストローでの水分摂取が困難な場合は、コップ飲みの練習をしましょう（本章「2 飲み物を飲む」を参照）。

実践編

ストローで飲む

① ストローを持つ

　介助者はストローの飲み口に近いところを持ちます。指で持った先の部分を子どもが口唇でくわえるので、子どもの口の大きさに合わせて長さを調整しましょう。

② ストローに向かって体を近づける

　ストローに向かって体を近づけます。子どもの意識がストローに向いていることが重要です。

③ ストローをくわえる

　子どもがストローに対して口を開けた際に、介助者はストローの飲み口を口唇の真ん中で下口唇につけます。子どもがストローを、それ以上奥に入れて歯でかむことがないようにします。

④ ストローから飲む

　ストローで飲んでいるときは、子どもの口唇が閉じ、しっかりと飲み口をくわえていることが重要です。口唇でくわえている場合には口唇をすぼめるようなかたちになっているので、介助者は子どもの口元を確認しましょう。

4　スプーンを使う

はじめに

　スプーンを使用するには、手指の機能の発達が欠かせません。また、食べ物を自分で食べられるようになるためには、手指を自由に動かせることだけではなく、食べ物を目でとらえ、手でつかみ、口へ運ぶという、目と手と口の協調運動の学習が必要となります。これらの機能の発達を促す手段の一つとして、「手づかみ食べ」を十分に行うことも重要です。手づかみ食べは、食具を使用するために必要な機能の発達を促すだけではなく、子どもが自分自身で食べる意識を高めることにもつながります。食具の操作は運筆動作とも関連しているため、日常の中でお絵かきや塗り絵をするなどを通して、手指の機能を高めるとよいでしょう。

　指先の運動は独立して行われるわけではなく、肩から肘、手首と連動した運動になります。そのため、指先を上手に動かせるようになるには、姿勢が安定していること、肩や肘を固定させた状態で指先の動作ができることなどの分離運動が求められます。これらの機能は食事以外の遊びを通して高めることができるものですので、日常的なかかわりの中で発達を促していきましょう。

　スプーンの持ち方は子どもの手指の機能の発達に依存しています。スプーンに興味を持って扱うようになる頃は、まだ大人と同じ正しい持ち方は難しいでしょう。手指の機能の発達に合わせて徐々に介助の方法も変更します。持ち方は、最初は手掌回内握り、その後に手指回内握り、側方つまみ、静的三指握り、動的三指握りへと変化していきます（**付録 1** を参照）。

知識編

◆環境設定

　本章「1 姿勢を正す」で述べたように、スプーンなどの食具を扱ううえでは姿勢が重要になります。正しい姿勢で座らせることはもちろん、姿勢の安定性が低い場合は、姿勢を安定させるためのマットや補助具を使用することも検討しましょう。

　スプーンは、子どもの手の大きさに合ったサイズのものを用意します。柄の部分の形状

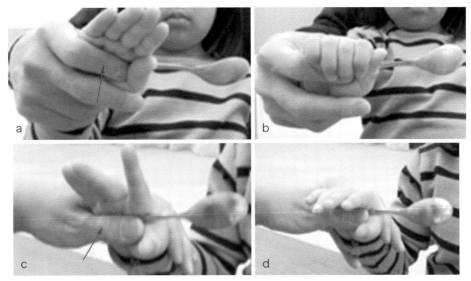

図1　手掌回内握りでのスプーンの固定
a・b：後方からの介助，c・d：前方からの介助

は、幅が広く、やや厚みのある長方形のものがよいでしょう。上手に持つことが難しい場合は、自助具（Qスプーンなど）の使用も検討しましょう。また、最初はボール部の浅いスプーンが望ましいでしょう。ボール部が深すぎたり大きすぎたりすると、食べ物を取り込むことが難しくなり、スプーンに食べ物が残ってしまうため、スプーンを上に傾けて流し込もうとしてしまいます。そうならないために、子どもがスプーンから食べ物を残さず取り込めているかを確認しましょう。

　ベビー食器の中には、スプーンの先が口のほうに曲がった形状のものがありますが、本来のスプーン操作の動きが難しい低年齢の子どもに向けてつくられているため、通常のスプーンを扱えるようになるための動作を獲得することはできません。介助で行う場合には、一般的なまっすぐのスプーンを用いるようにしましょう。

　スプーンですくうものは、粘性が高いものほどボール部からこぼれ落ちる危険性が低いため、最初はヨーグルトのようなものから始めましょう。スプーンの操作が上手になってきたら、徐々にゼリーやプリン、とろみのあるスープなどに移行していきましょう。

◆介助のポイント

　最初は後方から介助し、手の動きだけではなく体全体の動きを促しましょう。子どもがスプーンの操作に慣れ、食事の一連の身体動作ができた頃に、前方から介助するようにしましょう。

　介助方法はスプーンの持ち方によって異なります。手掌回内握りでは、**図1**のように介助者の指を用いて手の平にスプーンを固定します。後方からの介助では人差し指で（**図1a、b**）、前方からの介助では親指にて固定し（**図1c、d**）、そのまま介助者の指と一緒に

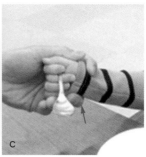

図2　三指握りでのスプーンの固定
a：後方からの介助，b・c：前方からの介助

子どもにスプーンを握ってもらいます。こうすることで、子どもが手を開いてもスプーンが固定されているため、手から落ちることがなくなります。また、スプーンの使いはじめは手関節を手の平側に曲げてしまいがちですが、正しくスプーンを使うためには手関節を手の甲側に曲げる必要があります。介助者は子どもの手関節を手の甲側に曲げるように介助しましょう。

　三指握りでは、後方からの介助では介助者の親指で、子どものファーストウェブ（**付録1**を参照）のところでスプーンの柄を固定し、そのまま子どもの手を外側から支えます（**図2a**）。前方からの介助では、親指でスプーンを上から支えつつ、手首の介助を同時に行う必要もあるため、人差し指〜薬指で下方からも固定します（**図2b、c**）。介助者の手の大きさに合わせて、支える指を工夫しましょう。

◆導入方法

　食事は子どもにとって、モチベーションが高まる生活動作の一つです。そのため、食具を使うことで食事がストレスにならないように注意しましょう。子どもがストレスを感じるようであれば、食具を使って食べる量をあらかじめ決めてから練習しましょう。

スプーンを使う
手掌回内握りの場合

※介助者は後方から介助を行い、子どもが慣れてきたら前方から介助を行いましょう。

① スプーンを把持して、食べ物に近づける

後方からの介助

前方からの介助

　右手でスプーンを把持し、器の縁を乗り越えるように食べ物に近づけます。介助者は子どもがスプーンを斜めにできるように、手首部を内側方向へ返す動きを促します。左手では器を押さえさせ、介助者は子どもの手の上から一緒に押さえましょう。

② 食べ物をすくう

後方からの介助

前方からの介助

　スプーンのボール部に食べ物を入れ、手首部を外側方向に返すとともにスプーンで食べ物をすくいます。このとき、介助者は器の縁に沿ってスプーンを動かすように促します。そうすることでスプーンの動きを意識しやすくなり、縁に沿って動かす動作によって自然と手首を返してスプーンを持ち上げる動作につながっていきます。

③ 食べ物を持ち上げる

後方からの介助

前方からの介助

　スプーンを水平にしたまま、口まで安全に持ち上げましょう。介助者は、子どもが脇を開き肘を上げてスプーンを持ち上げないように注意します。最初は、ボール部からこぼれ落ちる危険性の低いヨーグルト程度の粘性の食べ物から始めるのがよいでしょう。

④ 食べ物を口まで運ぶ

後方からの介助

前方からの介助

　介助者は子どもの肘を肩よりも前に出すように誘導し、スプーンの先端を口のほうへ向けます。このとき、子どもが肩を後方に引かないように、また脇を開きすぎないように注意します。スプーンの側面ではなく、先端から口に入れられるようにしましょう。
　スプーンを口元に近づけますが、介助者は口の中まで運ばないで、介助の動きを止めます。介助者の介助によって食べるのではなく、子ども自身が自ら食べ物に近づいていくように促しましょう。スプーンの高さは口より低くして、頸部を反らせて口に流し込まないことにも注意しましょう。頸部はわずかに前へ傾けた状態で食べられるようにします。

⑤ 食べ物を口に入れる

　スプーンを先端から口に入れ、ボール部の食べ物を取り込みます。このとき、頸部を前へ傾けて上口唇で食べ物を取り込むようにします。介助者はスプーンを上に持ち上げて引き抜かないように注意しましょう。

スプーンを使う
三指握りの場合

※介助者は後方から介助を行い、子どもが慣れてきたら前方から介助を行いましょう。

① スプーンを把持して、食べ物に近づける

後方からの介助

前方からの介助

　右手でスプーンを把持し、器の縁を乗り越えるように食べ物に近づけます。介助者は子どもがスプーンを斜めにできるように、手首部を内側方向へ返す動きを促します。左手では器を押さえさせ、介助者は子どもの手の上から一緒に押さえましょう。

② 食べ物をすくう

後方からの介助

前方からの介助

　スプーンのボール部に食べ物を入れ、手首部を外側方向に返すとともにスプーンで食べ物をすくいます。スプーン操作の最初のうちは、スプーンは器の縁を利用して動かすように促します。介助者は器の縁からスプーンの先端を離さないように介助しましょう。

③ 食べ物を持ち上げる

後方からの介助

前方からの介助

　スプーンを水平にしたまま、口まで安全に持ち上げましょう。最初は、ボール部からこぼれ落ちる危険性の低いヨーグルト程度の粘性の食べ物から始めるのがよいでしょう。

④ 食べ物を口まで運ぶ

後方からの介助

前方からの介助

　介助者は子どもの肘を肩よりも前に出すように誘導し、スプーンの先端を口のほうへ向けます。このとき、子どもが肩を後方に引かないように、また脇を開きすぎないように注意しながら、スプーンの側面ではなく、先端から口に入れられるようにしましょう。

　スプーンを口元に近づけますが、介助者が口の中まで運ばずに、子ども自身が自ら食べ物に近づいていくように促しましょう。後方からの介助の場合は、体の動きも一緒に促すとよいでしょう。スプーンの高さは口より低くして、頸部を反らせて口に流し込まないことにも注意しましょう。頸部はわずかに前へ傾けた状態で食べられるようにします。

⑤ 食べ物を口に入れる

後方からの介助

前方からの介助

　スプーンを先端から口に入れ、ボール部の食べ物を取り込みます。このとき、頸部を前へ傾けて上口唇で食べ物を取り込むようにします。介助者はスプーンを上に持ち上げて引き抜かないように注意しましょう。

5　フォークを使う

はじめに

　フォークは、食べ物を刺すことで固定して口に運べるため、安定して食事をとることができます。一方で、フォークでは食べ物を口の中に入れてから歯で取り込む方法で摂食しやすいため、口唇での取り込みが十分に行われない危険性があります。口腔機能の発達を考えると、スプーンが上手に使えるようになってからフォークを使うようにしたほうがよいでしょう。フォークの使い方はスプーンと同様に、手指の機能の発達に依存しています。さらに、目と手と口の協調運動や、手指の分離運動、姿勢を安定させる力が求められます。フォークの持ち方もスプーンと同様で、手掌回内握り、手指回内握り、側方つまみ、静的三指握り、動的三指握りと発達的な変化をします（付録1を参照）。

　フォークの用途には、「刺す」「すくう」「切る」の大きく3つがあります。それぞれ持ち方が異なり、大人も対象物によって持ち方を変え、その時々においてフォークの機能を使い分けています。刺すときは、主にフォークの先端を下に向けた持ち方をします。このときは人差し指をフォークの柄に沿わせ、親指と中指・薬指で柄を握る手指回内握りです。例えば、ステーキやハンバーグなどを食べる場合に用いられます。すくうときは、スプーンと同じように三指握りを用いて持つことが多く、手指の機能的発達が未熟であれば手掌回内握りで持ちます。例えば、麺類や小さい食べ物（付け合わせのコーンやビーンズなど）を食べる場合に利用されるでしょう。切るときは、刺すときと同じ手指回内握りか手掌回内握りによって行われます。代表的な食べ物にはケーキが挙げられます。

　このように、フォークの用途は多様であり、その対象物や手指の機能によって適した持ち方が異なります。今回は、刺す場面とすくう場面での介助方法についてご紹介します。刺す場合の持ち方は大人のように人差し指をフォークの柄に沿わせる手指回内握りではなく、子どもの手指の機能に合わせて、手掌回内握りと三指握りをご紹介します。

知識編

◆環境設定

　フォークを利用する場合、柄の形状は、幅が広くやや厚みのある長方形のものを選びま

しょう。子どもの手で持ちやすい形状です。サイズについても手の大きさに合わせて用意します。フォークの用途は主に刺すことなので、先端が丸くなっていないものを利用しましょう。子ども用は危なくないように先端が丸くなっているものが多いのですが、これは食べ物を刺しにくく、食べ物が転がっていってしまう要因になります。結果として子どもに、「フォークを使って上手に食べることができない」と感じさせてしまいます。先端の丸みが強いものや、爪部分の幅が広いものなどは控えましょう。ただし先端が尖っている場合、フォークは凶器にもなり得ますので、危険なことはしないよう、あらかじめ子どもに理解させることも重要です。

　フォークで刺す食べ物は、一定の硬さがあるもののほうが刺すときに簡単です。はじめはソーセージや唐揚げなどがよいでしょう。また、刺す練習では、フォークに刺した食べ物の大きさが大きい場合に「かじり取り食べ」ができる必要があります。この「かじり取り食べ」をすることで、一口量も学ぶようにします（一口量については本章「7 量の調整をする」を参照）。

　すくう場合は、フォークの爪の間隔より細いか同じくらいの幅の麺類で練習するとよいでしょう。麺類はフォークの爪の間に入るように引っかけてすくいます。引っかからないような幅が広い麺の場合は、フォークですくって持ち上げているだけで、口に運ぶ途中でフォークから滑り落ちてしまうことも考えられますので注意しましょう。

◆介助のポイント

　最初は後方から介助し、手の動きだけではなく体全体の動きを促しましょう。同時に、フォークを刺すときにどちらの方向に力を加えるかなども伝えていきます。子どもがフォークの操作に慣れ、食事の一連の身体動作ができた頃に、前方から介助するようにしましょう。

　手掌回内握りの持ち方と三指握りの持ち方については、本章「4 スプーンを使う」も併せてご覧ください。手掌回内握りでは、**図1**のように介助者の指でフォークの柄を押さえ、そのまま介助者の指をフォークと一緒に握ってもらいます。子どもが手を開いてもフォークが落ちないようにする介助方法です。三指握りでは、介助者の親指でフォークの柄を子どものファーストウェブ（**付録1**を参照）のところで固定します（**図2**）。どちらも手関節は手の甲側に曲げるように介助しましょう。

　また、フォークは刺すときに力を加える方向を身につけることがポイントになります。食べ物にフォークを刺すときは、子ども自身が力を加えてフォークを刺すことができるように、食べ物の直前で介助の動きを止め、子どもが力を入れたタイミングに合わせて方向を誘導してあげましょう。

◆導入方法

　スプーンだけではなく、フォークも利用できることで、さまざまな形状のものが食べられるようになります。このことは、咀嚼や嚥下の機能の発達だけではなく、味覚の発達に

図1　手掌回内握りでのフォークの固定（前方からの介助）

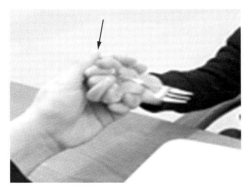

図2　三指握りでのフォークの固定
（前方からの介助）

も寄与します。自分で食べることができると、自己効力感が高まり、自信をつけることで自尊感情が高まります。実行機能を高めるうえでも重要になります。

　フォークで食べるものは、固形物でなおかつ一定以上の硬さを有しています。そのため、口の大きさよりも大きいものや、必要以上に硬いもので練習を行うと、窒息する恐れがあります。最初は子どもの一口大の大きさ、噛み切れる硬さのものを用意して行いましょう。特に、本人が好きなもの、食べたいものから始めることが重要です。最初のうちはうまくいかず、テーブルの上や床を汚してしまうことがあっても、決して怒らずに、上手にできる方法を身につけられるように支援しましょう。

　また、麺類などは口唇で「たぐり寄せ食べ」ができるように練習していきましょう。「たぐり寄せ食べ」は、口唇を使った協調運動です。口唇に入れた麺類のうち、口唇の外へはみだしている部分を、口唇と歯の動きでたぐり寄せます（図3）。そのためには、口唇をすぼめる動きや、噛み切らない力で麺を歯や舌で押さえること、押さえたまま口唇を小さく開け、再度口唇をすぼめる動きが必要になります、この一連の動作が連続で行えるようになると、麺類のたぐり寄せ食べができるようになるでしょう。

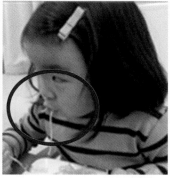

図3　麺類のたぐり寄せ食べ

フォークを使う
刺す場合（手掌回内握り、三指握り）

※介助者は後方から介助を行い、子どもが慣れてきたら前方から介助を行いましょう。

① フォークを食べ物に近づける

手掌回内握り

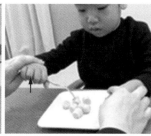

後方からの介助　　　　　前方からの介助

三指握り

後方からの介助　　　　　前方からの介助

　　フォークを食べ物に近づける際には、手関節を手の甲側に曲げておく必要があります。そうすることで、フォークの先端が下を向いたときに、食べ物に垂直に刺さりやすくなります。手関節が手の平側に曲がったままでは、フォークが横を向いてしまい、横から刺そうとすると食べ物が転がったり横に滑ったりして、うまく刺すことができなくなります。

　　介助者の動きとしては、フォークを持っている子どもの手関節を手の甲側に曲げた位置で固定しながら、食べ物に対して肩から肘の動きを引き出すようにしま

す。子どもがフォークを固定できるようになったら、介助者は上肢の動きを誘導するため、前腕部や肘部など、より中枢部からの誘導を行います。フォークを食べ物に近づける動作が十分に行えるようであれば、介助者はフォークの固定に注力し、上肢の動きは子どもの自然な動作に追従するようにします。

② フォークを食べ物に刺す

手掌回内握り

a 後方からの介助

b 前方からの介助

三指握り

c 後方からの介助

d 前方からの介助

フォークの形状に合わせて力を加えましょう。介助者は、食べ物の直前で介助の動きを止め、子ども自身が力を加えたのを見計らって力を加える方向を誘導します。力を加える方向は、持ち方によって異なります。手掌回内握りでは、手首部を内側へ返すような動きを加えながら力を加えます（a、b）。三指握りでは、上方から食べ物を下方へ押さえつけながら、フォークの形状に合わせて斜め下方向へ力を加えましょう（c、d）。フォークの先端が下を向いていても、力を加える方向がフォークの先端の向きと異なっていると、食べ物が転がったり横に滑ったりしてしまいます。

③ 食べ物を口まで運ぶ

手掌回内握り

後方からの介助

前方からの介助

食べ物を刺したら、口まで運びましょう。このとき、肩が後方に引けないように注意しながら、肘を肩より前に出し、肘を曲げることで口まで食べ物を運びます。介助者は、フォークを水平にするため子どもの前腕部を外側へ返しつつ、フォークの先端が口のほうへ

三指握り

後方からの介助　　　　　前方からの介助

向くように肩から肘の動きを誘導します。

④ 食べ物を口に入れる

手掌回内握り

後方からの介助　　　　　前方からの介助

食べ物を口に入れる際には、介助者は子どもの口唇の前で介助の動きを止め、子ども自身が食べ物を口に入れるのを待ちましょう。子どもは口唇を大きく開け、食べ物全体を口腔内に入れようとします。フォークを口腔の奥深く入れないように介助しましょう。

三指握り

後方からの介助　　　　　前方からの介助

子どもは口唇を閉じて、フォークから食べ物を取り込みます。このときも、介助者がフォークを動かして口唇から引き抜くのではなく、子ども自身が頸部を引いて食べ物を取り込むようにします。子どもが食べ物を上前歯に引っかけて口腔内へ取り込もうとするようであれば、介助者はフォークを下方へ誘導し、子どもが頸部を前へ傾けて取り込む動作を促しましょう。

フォークを使う
すくう場合（三指握り）

※介助者は後方から介助を行い、子どもが慣れてきたら前方から介助を行いましょう。

① フォークを食べ物に近づける

後方からの介助　　　前方からの介助

　フォークで食べ物をすくうときには、フォークは立てずに寝かせて使います。皿に近いところから横方向にフォークを差し入れるようにしましょう。麺類はフォークの爪に引っかけてすくい取るように促します。

② フォークで食べ物をすくう

後方からの介助　　　前方からの介助

　介助者は子どもの前腕部を少し外側へ返すように促します。このとき、食べ物を落とさないように子どもが手首部を返しすぎて、フォークの先端が上に向くほどに動いてしまう場合があります。介助者はあくまでも、フォークが水平になったところで子どもの手関節を保持します。

③ 食べ物を持ち上げる

後方からの介助　　　前方からの介助

　食べ物をまっすぐに引き上げます。スプーンと異なり、こぼれ落ちることはありませんが、フォークの爪にうまく引っかけて持ち上げることがポイントです。介助者は食べ物がフォークから落ちないように注意しながら、手関節を固

定した状態で肩と肘の動きを誘導します。

・・

④ 体を前傾させ、口をフォークへ近づける

後方からの介助　　　　　前方からの介助

食べ物を口へ近づけるのではなく、口を食べ物へ近づけましょう。後方からの介助では、体の動きも一緒に促してあげましょう（a）。前方からの介助では、フォークを口へ近づけようとする動きは止め、子どもの体が前方へ動き出すのを待ちましょう（b）。

・・

⑤ 食べ物を口へ入れる

後方からの介助　　　　　前方からの介助

フォークの先端が口のほうを向くように、上肢全体の動きを介助しましょう。前方からの介助では、子どもと一緒に介助者自身の手関節を手の平側・小指側に曲げ、誘導します（a）。後方からの介助では、介助者は自身の手関節を手の甲側に曲げることでフォークの先端を口のほうへと向けましょう（b）。肩を後方に引かないように注意しながら、肘を肩より前に出し、肘を曲げて口までの距離を縮めましょう。

・・

⑥ フォークを引き抜く

後方からの介助　　　　　前方からの介助

食べ物を口唇でくわえたら、フォークを口唇から引き抜きます。このとき、介助者が手を動かすのではなく、子ども自身がフォークを引き抜くまで待ちましょう。

6　箸を使う

はじめに

　日本の食文化の一つに、「箸の使用」があります。主に食具（スプーンやフォーク、箸）を使って食事をする人々は世界人口の約 60％と言われていますが、その中で箸を使うのはアジア圏の約 15 億人と考えられています。

　箸の持ち方は手指の機能の発達に依存しており、基本的に筆記具の持ち方の発達が先行し、箸の持ち方が上手になるのには時間がかかります。箸は多機能であるがために、一つひとつの指の独立した動きが可能であることが求められます。手指の機能が発達しても正しい持ち方で箸を使用できるとは限らず、その獲得時期についてはさまざまな報告がなされています。

　箸には「挟む」「すくう」「引っかける」「切り分ける」など、さまざまな用途があり、子どもが箸を正しく持って使えるようになるためには、時間をかけて練習を重ねる必要があります。練習をするうえでは、まず、箸を嫌がらずに食事ができるようになることが大事です。スプーンやフォークなどを利用して手指の機能が高まっていても、すぐさま箸が使えるわけではなく、特に最初のうちは箸では上手に食べることができずスプーンやフォークのほうが上手に食べられるので、箸を使うことに抵抗を示す可能性があります。介助者は子どもと一緒に練習に取り組み、箸を使って上手に食べられることを通して自信を身につけさせ、箸に対する子どもの拒否感を軽減することが重要です。

知識編

◆環境設定

　取り組みを始めたばかりの頃は、箸は自由な持ち方で使わせます。普段使っている食具があることで安心して食べられる子どもの場合には、箸と一緒にスプーンとフォークを用意しておくのがよいでしょう。一方で、箸がある程度使えるようになってきた頃には、できるだけスプーンやフォークに頼らず食事をとれるようにしましょう。

　箸は、子どもの手の大きさに合わせた長さのものを使用します。長すぎる箸はうまく操作ができず、苦手意識を高めてしまいますので、注意が必要です。また、箸の先が丸く滑

りやすいプラスチック製のものも、うまく操作できない要因になります。はじめは長さを調整した木製の割り箸や、滑り止めのついたタイプの子ども用の箸を使いましょう。

　練習を行う場合は、大きく、ばらけにくい食べ物で行いましょう。箸に引っかかりやすい焼きそばなどの麺類や、表面に凹凸が多い唐揚げなどもよいでしょう。箸の練習としてホットケーキやパンなどを用いる場合は、1.5 cm 角の大きさにしましょう。食べ物が大きすぎると箸を大きく開く必要があるため、操作が難しくなります。そのほか、ご飯やコーン、うどんなどの表面がつるっとしている麺類も失敗しやすく、子ども自身の苦手意識を高める恐れがあります。

　子ども用のしつけ箸は使用しないようにしましょう。リングに指を通して箸の開閉を行う動作は、実際の箸操作に必要な運動とは異なります。例外として、運動麻痺などの機能的障害がある場合の自助具としては有効です。

◆介助のポイント

　箸の開閉は非常に複雑な操作になります。箸を開くには、力を抜いたり、指を伸展させたりするのではなく、手指の遠位部で箸を保持した状態で開く必要があり、手指の協調性と分離運動が求められます。導入の始めには、まず箸を固定し、閉じることができるようにします。箸を開く動作は介助にて行い、徐々に段階的に介助量を減らしていきましょう。箸を閉じることができるようになったら、介助者は下側（子どもから見て手前側）の箸を子どものウェブスペース（付録1を参照）で固定し、上側（子どもから見て奥側）の箸の操作のみを行わせるようにします。最終的には、箸が重ならないように介助者がサポートを行った状態で、子ども自身で箸を固定し、開閉できるようにしましょう。

◆導入方法

　箸を使う練習は、スプーンやフォークが上手に使えるようになってから始めましょう。指先を上手に使えることが重要です。ある年齢に達したから箸が使えるようになるわけではありません。筆記具を用いて指先で描画する、静的三指握り（付録1を参照）ができることが導入のきっかけになります。静的三指握りができると、箸を持つ手の構えができるようになります。箸を実用的に使うには、動的三指握り（付録1を参照）ができる手の機能の発達が必要です。それまでは、焦らずにスプーンやフォークを併用させて、手指の機能を高めましょう。

　箸は本人の興味に合わせて使用します。しかし、幼稚園や保育園などで他児の様子を見た場合や、年上のきょうだいがいる場合など、低い年齢で箸に興味を持つことがあります。興味があるからと、本人にとって使いやすい箸を用意するのではなく、あくまでも子ども用の箸を用意しましょう。最初の頃は握り箸での使用になるでしょう（図）。手指の機能に即した食具の使い方になるのは、悪いことではありません。重要なのは、結果として子ども自身が箸を上手に使えるようになることです。

　また、手指の機能を高めるためには、洗濯ばさみなどを使った、静的三指握りができる

図　握り箸の使用の様子

ようになるための支援が有効です。親指と人差し指でしっかりと挟み、洗濯ばさみを開きます。このとき、親指が上側にきていることが重要です。前腕を内側に回して人差し指が上側にならないように注意しましょう。また、洗濯ばさみを開閉するときは、中指〜小指は屈曲させておくこともポイントになります。

実践編

箸を使う
持ち方

① 箸を固定する

箸を平行にした状態で子どもに持たせ（a）、介助者は子どものウェブスペースで箸を固定します（b）。

② 箸を開く

　子ども自身で箸を開こうとすると、握っている力を弱めようとしたり、指を伸展させる動作によって行おうとしたりしてしまいます。介助者は、子どもの手を外側から包み込むように握り、あくまで箸を固定するよう力を加えます(a)。そのうえで、介助者の中指(もしくは薬指)を箸の間に入れることで箸を開く動作を補助します(b)。

③ 箸を閉じる

　箸を閉じるときは、食べ物が箸の間にきたのを見計らって、介助者は箸の間に入れた指を抜きます(a)。子どもに箸を握るように力を加えさせ、食べ物を箸で挟む動作の学習を促しましょう(b)。

箸を使う
食べ方

※介助者は後方から介助します。前方からの介助では箸の開閉を行うことが困難なため、箸の開閉を子ども自身でできるようになってから練習しましょう。

① 食べ物をつかむ

　食べ物の側面からアプローチします。箸はできるだけ水平に寝かせた状態で行いましょう。介助者は食べ物よりやや大きく箸を開き、食べ物が箸の間にきたら指を抜きます。食べ物を挟む動作は子

ども自身に行わせましょう。箸の開きが小さいと、子どもは食べ物に箸を刺したり、箸の間に食べ物を引っかけたりすることでつかもうとしてしまうので、食べ物をきちんと挟んだ状態にするため、箸の開きに注意しましょう。

② 食べ物を持ち上げる

箸を開かないよう介助者が子どもの手を介助しながら、箸を持ち上げます。このとき、子どもの前腕を外側に回しながら持ち上げ、箸の先端が子どもの口の方向に少し向くように誘導しましょう。

③ 食べ物を挟んだ箸を口に入れる

介助者は子どもが肩を後方に引かないように注意しながら、肘を前に出すように上腕を誘導します。子どもが箸を口腔へ入れやすいよう、前腕を外側に回す動きを促しましょう。子どもが手関節を手の平側に曲げないように気をつけます。

④ 箸を口から引き抜く

介助者は子どもの手に加える力を緩め、箸を開きやすいようにします。あくまでも子どもの指は箸を保持した状態になっている必要があるので、完全には力を抜かないようにします。子どもが指を伸展したり手を開こうとしたりしないよう、介助者は子どもの手を包み込んだ状態のままにします。

7　量の調整をする

はじめに

　食事をとるうえで、食べ方は非常に重要な課題になります。食べ方の学習は環境の文化的背景にも大きく影響され、その国々において、マナーの違いや食べ方の違いに応じて学習していく必要があります。しかしながら、子ども自身の口腔機能の発達や、協調運動の困難さによって、正しい食べ方を学習できないままでいた場合、後に摂食・嚥下機能の改善を行うには多大な時間と努力を要することになります。そのため、幼少期からの発達を促すかかわりによって、正しい食べ方を身につけることが求められます。

　藤井ら[1]は、特別支援学校の教員が感じる生徒の食べ方の問題についてまとめたところ、8割以上の教員が食べ方について気になると答え、多い項目の中に「かまない」「ため込み」「丸飲み」があったと報告しています。食べ方の問題にはこのほか、「かき込み食べ」や「つめ込み食べ」などが挙げられます。これらの問題の背景はさまざまであると考えられますが、いずれも将来的に、社会的交流場面では好ましくない印象を与えてしまいます。

　これらの問題に対する介入としては、まず「かじり取り食べ」ができるようになること、そして食具を使って量の調整ができるようになることを目指す必要があります。これらを身につけることで、実行機能も高まり、食事中も食べ方に注意しながら食べられるようになるでしょう。特に「かじり取り食べ」は、子ども自身が一口量を学べるだけではなく、咀嚼や嚥下といった口腔機能の発達にも寄与するため、非常に重要な食べ方になります。

知識編

◆環境設定

　介助場面では介助者が食べ物を直接把持するため、ディスポーザブルグローブ（使い捨て手袋）を用いて行うなど、衛生管理に気をつけましょう。

　「かじり取り食べ」を練習する食べ物の形状としては、最初は細長いものが好ましいでしょう。食べ物の硬さは子どもがかむことができる程度とし、前歯を活用してかじり取ることができるように、やわらかすぎないものにします。

　量の調整の練習は、ご飯類など、まとまりがありつつも一口量の調整が必要なもので行

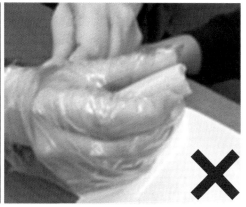

図　食べ物に対する介助者の持ち方

いましょう。例えば、オムライスやカレーライスなどです。スプーンでご飯類をかき込んで食べたり、つめ込んで食べたりしないようにするために、量の調整を身につけます。固形物の場合はスプーンですくったものを丸飲みしてしまう危険があるため、量の調整をするには「かじり取り食べ」ができる必要があります。

　一口量が多く、介助者が量の調整を一緒に行うことができない場合、スプーン自体を小さくする、器に一口量分だけ入れるなどして、一口量を調整するとよいでしょう。徐々に、スプーンを大きくしても自分で量を調整して食べられるようにしましょう。

◆介助のポイント

　「かじり取り食べ」の練習では、子どもが食べる量だけをかじり取ることができるように、それ以外の部分は介助者の手によってかじれないようにすることが重要です。食べ物に対して、介助者は上下で把持するようにします（図）。上下で把持することで、前歯が介助者の手に当たり、食べ物をそれ以上口腔内に入れることを防止してくれます。食べ物の左右で把持してしまうと、奥歯は左右の後方に向かって広がっているため、介助者の手を避けて口腔内に必要以上に多くの食べ物を含んでしまうでしょう。

　フォークを使って行う場合は、最初のうちは口腔内に含む部分が先端になるようにフォークを刺します。自分で量の調整ができるようになってきたら徐々に、食べ物の真ん中にフォークを刺した状態でも一口量のみかじり取れるように練習を行いましょう。介助者が一緒にフォークを刺す場合は、食べ物の直前で介助の動きを止め、子どもがフォークを刺す方向に力を加えたのと同時に介助をしましょう。介助者の動きによって子どもを誘導するのでは意味がありません。子ども自身の動きはじめに介助者が合わせることで、自発的な動きを引き出すとともに、運動方向の学習を促しましょう。子ども自身が運動方向を正しく認識できていないときは、反対方向にわずかに抵抗を加えることで運動を意識しやすくなります。

　量の調整では、子どもは最初、小さいスプーンのボール部全体をそのまま口腔内に入れ

てしまうかもしれません。小さいスプーンであっても、スプーンのボール部全体を口に含まないように注意させましょう。大きいスプーンでは、一口量をボール部の先端に寄せてすくい、ボール部の中心辺りで口唇を閉じ、食べ物を上口唇で取り込みます。小さいスプーン同様、ボール部全体を口腔内に含まないように注意しましょう。

◆導入方法

「かじり取り食べ」の練習をするときは、子どもの好きな食べ物で行いましょう。好きなものほどたくさん口に含みたくなります。そのため、一口目をかじり取り、咀嚼し、嚥下した後に二口目に移りましょう。口腔内に食べ物が残っているうちは、次の食べ物を与えないように気をつけましょう。

　スプーンで量を調整する場合でも、食べてもらいたい量を皿の縁にあらかじめよけておきます。こうすることで一口量を視覚的に確認しながら学んでいきます。

実践編

量の調整をする
かじり取り食べ

---

① かじり取る部分を先端にして食べ物を持ち、顔に近づける

介助者は子どもの口の大きさに注意しながら、かじり取ってもらう量を決めましょう。食べ物は上下で把持します。

---

② 食べ物を口腔内に入れる

介助者は子どもが前歯で食べ物を保持したまま引き抜こうとしても対応できるように、薬指と小指で食べ物を固定します。介助者の手で食べ物を口腔の奥まで入れないように気をつけましょう。

③ 子ども自身がかじり取る

　子どもは口腔内に含んだ部分を前歯でかじり取ります。このとき介助者は食べ物を固定したままにし、子どもが食べ物を横に引っ張ったり、後方に引き抜いてちぎったりできないように注意しましょう。

　一口量をかじり取ることができるようになってきたら、食べ物を子ども自身が持った状態で、介助者は子どもの指の上から保持して介助しましょう。適切な一口量の部分を一緒に確認しながら、持つ部分を意識させて学習を促します。また、口に含んだ後、子ども自身が指を屈曲させ、持ち手をスライドさせることでより多くの食べ物を口腔内に入れようとしないように注意します。連続食べにならないよう、一口目が口腔内にないことを必ず確認してから二口目を入れましょう。これができるようになったら、徐々に介助部分を手関節にし、最終的には自分でできるように介助しましょう。

量の調整をする
フォークを用いたかじり取り食べ

① かじり取る部分の境目にフォークを刺す

　子どもが自分で量の調整をすることが難しい場合は、介助者がフォークを刺しましょう（a）。そして、子どもが量の調整を意識することができるように、介助者は徐々に子どもと一緒にフォークを刺すようにしてみましょう（b）。介助者が刺す動作を一緒に行う場合、介助者の動きで刺すのではなく、子どもの動きが引き出されるようにします。介助者は食べ物の直前で介助の動きを止め、子どもが刺す動作をするのを待ちましょう。

② かじり取る部分を手前に向けて持ち上げる

　フォークを刺した食べ物を、かじり取る部分が手前にくるように持ち上げます。介助者は子ども自身が多いほうを口へ向けようとしないように注意しましょう。

③ 食べ物を口腔内へ入れてかじり取る

　子どもはフォークが刺さっているところの手前部分のみをかじり取ります。このとき、フォークが刺さっているところのすぐ近くをかじるためフォークから食べ物が落ちてしまう危険があります。介助者は子どもと一緒に、もう一方の手で必ず器や皿を持ち上げましょう。また、介助者は子どもが必要以上に食べ物を口に含まないように、フォークが口腔内に入ることを予防します。

※子どもの発達に合わせてスプーンの大きさを選択しましょう。

---

① スプーンで食べ物をすくう

小さいスプーン

大きいスプーン

　スプーンが小さい場合は、全体量としてあまり多くすくうことはできないため、食べ物の集まっている中心部辺りからすくう練習をします。スプーンを大きくする場合はボール部にのせられる食べ物の量が変わるため、一口量を器の端に寄せ、視覚的に確認しながらスプーンですくいましょう。スプーンは器の縁を利用して動かすことで、手にスプーンからの抵抗が伝わり、子どもがスプーンの動きを意識しやすくなります。介助者はスプーンの先端が器の縁から離れないように子どもに意識させながら介助を行いましょう。

---

② 食べ物を口に入れる

小さいスプーン

　食べ物を口へ運ぶ動きについては、介助者はスプーンの先端が子どもの口のほうを向くように、手首部を返す動きでスプーンを操作します。介助者は、子どもが上口唇を使ってボール部から食べ物を取り込めるように、スプーンの高さを口より低い位置にしましょう。こうすることで、頸部を前へ傾けながら上口唇によって取り込

大きいスプーン

む動きを学習することができます。スプーンは、ボール部全体を口腔内に含まず、中心辺りから上口唇を使って食べ物を取り込むように促します。介助者はスプーンを口腔内に入れすぎないように介助しましょう。

◎参考文献

1）藤井美樹, 他：特別支援学校（知的障害）の教員からみた児童・生徒の食べ方の問題点. 障歯誌　39：103-109, 2018

COLUMN

感染症対策の工夫　学校編④

◆音　楽

　感染対策で合唱や楽器の演奏ができず、学び方の工夫が求められ、先生方も苦労されていると思います。打楽器を使った活動では、バンブ・ダンスやボディパーカッションで体を動かしながら音楽を学ぶ方法もあります。楽譜を読むことや楽器を操作することが難しい子どもの場合は、音楽を楽しみやすくなりますね。

8　調味料をかける

はじめに

　食事を楽しむためには、味覚だけではなく、嗅覚が重要な役割を果たすことが知られています。塩や、胡椒などの香辛料を主体とする調味料だけではなく、日本には古来より発酵調味料として味噌や醤油なども用いられてきた文化があります。

　調味料をかけると、調理された料理の味つけを自分の食べやすい味つけに変化させることができます。しかし、幼少期の味覚が発達していく過程では、調味料の過度の利用で素材の味そのものに注意を向けることが難しくなり、濃い味つけを好むようになれば、将来的な生活習慣病を助長してしまう危険性もあるでしょう。

　介助者は、食材の味を損なわない程度の適正な量の調味料を利用するように心がけ、介助を通じて、子ども自身が味覚と嗅覚を用いて食事を楽しめるよう支援することが重要になります

知識編

◆環境設定

　必要な量の調整が難しい場合には、最初から小さく個包装されたタイプの調味料を用いることも検討する必要があります。また、何にでも調味料を利用するのではなく、一回の食事中に、決めたものだけに使うようにしましょう。最近では、押した分だけ出てくる真空タイプの容器に入った調味料もあるため、利用するタイプは子どもに合わせて選択します。

◆介助のポイント

　個包装のタイプでは切り口がつくられているものが多く、最近ではどこからでも切ることができるマジックカット®のものも増えていますが、いずれにしても、切ったときに内容物が飛び散らないようにすることが重要です。特に、子どもは力加減がわからないため、力を加えながら行うことで思った以上に勢いがついたり、微調整ができず開封と同時に中身が飛び出したりすることも少なくありません。介助を通じて、力を加える方向と力加減を学ばせましょう。容器から注ぐタイプの調味料であれば、内容物の傾き具合が視覚的に

確認できるように透明の容器を用いましょう。内容物の状態が確認できないと、必要以上に傾けて、過度に調味料が出てきてしまう危険性があります。

◆導入方法

　小さい袋を開ける動作には、指先の力と、両手を使う協調運動が求められます。指先に力を加えながら、両手で異なる向きに適切な力を加えなければいけません。しかし、実際には両手を同時に動かすのではなく、一方は固定しながら他方を動かし、切りやすい方向へ導くことが求められます。まずは、指先を使ったさまざまな活動を通して、指先に力を加えながら動かせるようにしましょう。

　調味料の扱いに関しては、「どのように行うか」も大事ですが、「どの程度用いるか」が重要です。必要量以上に利用しないための自己抑制や柔軟性といった実行機能の発達も促していきましょう。

実践編

調味料をかける
個包装の場合

① 袋を左手で持つ

　子どもは、袋の切り口の根元を左手で把持します。介助者は、子どもの手の上から包み込むように、左手の指先で一緒に保持します。子どもの右手は、親指と人差し指以外は屈曲させた状態にします。

② 両手で袋を開ける

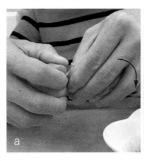

　切り口の根元を把持している左手は動かさずに、切り口の上部を持っている右手を動かして袋を開けます。介助者は左手の指先に力を入れ、切る方向とは反対側に力を加えながら保持しましょう(a)。動かす側の右手は、真横に

動かすのではなく、袋をひねるような方向に力を加えることを意識させます。親指を体の外側に向けて押し込むような動きになります（b）。

③ 袋を右手に持ち替える

袋を開けることができたら、袋を右手に持ち替えましょう。介助者は、このとき袋を傾けて内容物をこぼさないように注意します。また、持ち替えた右手で袋を握って内容物が飛び出さないようにする必要もあります。親指と人差し指で把持しようとせず、小指側の指で袋を下から支えるようにして持ちます（点線部は力を抜き、実線部で支える）。

④ 必要量を食品にかける

食品にかける際には、袋をゆっくり傾けるように介助者が誘導しましょう。内容物の粘性によっては勢いよくかかってしまうので、傾けるときの速度は非常に重要になります。

調味料をかける
容器から注ぐ場合

① 容器を持つ

容器を子どもと一緒に持ちます。介助者は、できるだけ下方を持つように誘導しましょう。

② 容器を傾けて内容物の状態を目で確認する

介助者は子どもと一緒に容器を傾けることで、内容物が注ぎ口の近くまできているかを確認します（a）。注ぎ口から出る手前で介助の動きを止め、子どもが少し動かしたら出るように誘導します。子どもが傾けすぎないよう、介助者は傾きとは反対側に力を加えながら、ゆっくり行いましょう（b）。

③ 調味料を食品にかける

実際に食品にかけるときも、子どもが一カ所に多くかけないよう、場所を変更するように誘導しましょう。

④ 必要量でやめる

子どもによっては、まだかけたい気持ちで容器をさらに傾けようとするかもしれませんが、必要量をかけた時点で容器の傾きを戻し、やめさせるようにしましょう。傾ける動きよりも戻す動きを学ぶことが、量の調整につながります。やめさせる前には必ず「もうおしまいだよ」と声かけを行い、子ども自身がやめる動作を始めることができるように支援します。介助者は、子どもの自発的な動きをできるかぎり待ってから傾きを戻すようにします。自分で戻すことができない場合は、「おしまい」を伝えて、調味料をかけることを終わりにします。

第4章
トイレ動作・お風呂動作

1　お尻を拭く

はじめに

　お尻を拭くためには、便座という不安定なものに座って自分の体を前後に動かしたりひねったりしても姿勢を安定させる力や、見えない肛門の位置に手を伸ばせる力が必要になります。また、お尻を拭くために必要なトイレットペーパーの量を調整して手の中に収めるといった両手動作や、ペーパーから伝わる感覚を通して便を拭くといった力も求められます。

　トイレでの排泄は３歳頃になるとできるようになってきますが、おまるや補助便座を使用している段階では、まだ介助してお尻を拭いてあげるとよいでしょう。トイレに座り、排泄することに慣れてきた頃から、お尻を拭く練習を始めるようにします。

　４〜５歳くらいになると「自分でやりたい」という意欲が芽生え、一人で拭くようになってきます。便の状態への臨機応変な対応なども含めて確実に一人で拭けるようになるまでには時間がかかりますが、子どもが一人で拭くのは難しいからと常に介助を続けていると、なかなか一人で拭けるようにはなりません。トイレで安定して排泄ができるようになったら、後始末に取り組むように習慣づけていきましょう。

　この排泄の後始末のやり方は人によって異なります。ほとんどの人が幼少期に大人から教えてもらいますが、習慣化してからは、プライベートな行為であるため、ほかの人のやり方を確認する機会はほとんどありません。それぞれ、育ってきた環境や個人の体型・性格などから自分にとってやりやすい方法を習得しており、改めてどのように行っているかを確認すると、トイレットペーパーのとり方やカットのしかた、お尻への手の回し方などが異なっていることがあります。これにより、教える側のやり方によって、介助の手順などが異なる可能性もあります。

　トイレットペーパーのとり方に関しては、ペーパーホルダーの位置と利き手との関係によって、方法が異なります。また、ペーパーのとり方やカットのしかた、たたみ方などは、せっかちや几帳面、潔癖度合いといった性格にも影響されます。お尻を拭く動作に関しては、男女の性器の違いや体型によって、股の前方から拭く、お尻に手を回して後方から拭く、立って拭くといったように異なります。

　本項では、不器用な子どもが取り組みやすく、介助者も教えやすいやり方として、前方

からお尻を拭く方法のハンドリングをご紹介します。

知識編

◆環境設定

　幼児の場合、足が床面につかないので、姿勢が安定しません。足台を使って姿勢を安定させることが大事です。また、ペーパーホルダーが左右どちらの壁に設置してあるかで手の使い方が異なってきますし、ホルダーの便座からの距離や高さも動作に影響してきます。

　ペーパーホルダーの形状にもよりますが、両手を使用してペーパーをカットしなければいけない場合、右利きでは左に設置してあるほうが、左手で蓋を押さえて右手でカットできるためやりやすくなります。左利きではその逆になります。片手で切れるペーパーホルダーもあるので、操作がうまくできない場合はそのような道具で調整するのもよいですが、多様な場面で排泄することを考えれば、両手での操作を教えていくほうが柔軟に対応できるようになるでしょう。

　ペーパーホルダーの位置は、ホルダーの中心部が便座の先端から10〜15 cm 程度の距離、座面から25〜30 cm くらいの高さにあるのが目安とされていますが、環境によって異なっていることが多いようです。特に子どもの場合は、便座の先端からの距離が離れていると手が届きにくく、カットする際にペーパーを引っ張るようなとり方になってしまいます。逆に便座の先端からの距離が近すぎると、大人が体をひねってとらなければいけなくなります。家にあるペーパーホルダーの位置を確認して、手順を考え、子どもがやりやすい方法で取り組みましょう。

　トイレットペーパーにもいろいろな種類があります。まず、シングルかダブルかという違いがあります。シングルはコストパフォーマンス重視になりますが、お尻の肌触りや吸水性を重視する場合や、破れることへの不安がある場合はダブルを使うとよいでしょう。

　トイレットペーパーをカットする際に長さの感覚がつかめない場合は、ミシン目の入ったペーパーを使用します。スタンダードのものは約20 cm 間隔でミシン目が入っているので、そのミシン目を手がかりにカットするとよいでしょう。しかし、物によっては約10 cm と短い間隔でミシン目が入っていることもあります。これだとペーパーを引っ張っている最中に切れやすくなるので、力加減や引っ張る向きの調整が必要になります。トイレットペーパーは素材のメリット・デメリットを確認しながら選ぶようにしましょう。

◆介助のポイント

　一般的に家庭のトイレは空間が狭いので、子どもの介助をする際は前方から関わります。介助者は自分とは反対の動きを子どもに伝えなければならないため、介助する技術が必要になります。

　最初から子どもにペーパーをとらせて、お尻を拭く一連の動作のすべてを行わせるので

はなく、子どもの状況に合わせて少しずつ子どもができるポイントから取り組むようにします。そうすることで、子どもは成功体験を踏みやすく、介助者にも余裕が生まれ、子どもにとってわかりやすく段階づけた方法で教えることができます。

　お尻への手の運び方は、子どもの手の操作性や体型からやりやすい方法を選択して行うようにしましょう。基本的には衛生上の面から、お尻に手を回して後方から拭くのがよいとされていますが、体をねじって操作することが難しい場合は股の前方から拭くようにします。

　肛門を拭くときは、お腹側から背中側の方向に拭きます。特に女性の場合は後ろから前に拭いてしまうと、排泄物が腟や尿道に付着するなど不衛生になりやすく、感染症の原因にもなるので、前から後ろに拭くように教えていきましょう。肛門はデリケートな場所なので、お尻を拭く際に傷つけないよう、ペーパーを肛門にやさしく押し当てて汚れをとることがポイントです。

◆導入方法

　まずは介助者がある程度、お尻を拭いておくようにします。その後、介助者がペーパーを肛門に当てて、その場所に子どもの手を添えさせることから始めます。はじめから自分で拭かせて子どもの手に便がつくなど、失敗によってネガティブな印象を与えないように注意して行いましょう。

　また、お尻を拭くときは必ずペーパーの汚れを確認するように教えます。日常の中でも、手を洗うときや鼻をかむとき、お手伝いではテーブル拭きや食器洗いをするときなどに、「きれいにする」という意識を高められるようにするとよいでしょう。

　肛門は見えない位置にあるので、手を運ぶ場所が確認しづらいところがあります。温度への過敏性がないようであればウエットティッシュを用いることで、冷たさを感じるため、拭いている場所がわかりやすくなる場合もあります。

お尻を拭く
座って拭く場合

---

① トイレットペーパーを回転させる

　介助者は子どもの前方から関わります。まず、子どもの右手の親指を外側に開き、手を広げるようにしてトイレットペーパーに誘導します（a）。そして、指の付け根から指先へとなでるようにしてペーパーを回転させます（b）。ペーパーが3cmほど垂れるまでこれを繰り返しましょう。子どもの重心がペーパーホルダーのある左側に偏るので、介助者は右手で、姿勢が崩れて転倒しないようにサポートします。

---

② トイレットペーパーをつまんで引っ張る

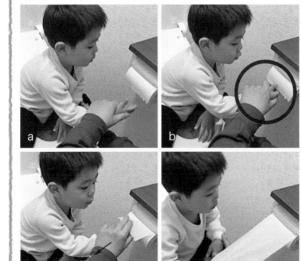

　介助者は子どもの親指と人差し指の間にペーパーが挟まるように誘導します（a）。子どもがペーパーをつまんだらその上からホールドして、子どもの右膝辺りまで（40cmほど）ペーパーを引っ張ります（b〜d）。

③ ペーパーホルダーの蓋を押さえる

介助者は子どもの左手の手首を保持して、ペーパーホルダーの蓋に運びます（a）。そして、蓋を上から押さえるように誘導します（b）。

④ ペーパーをカットする

子どもが左手でペーパーホルダーの蓋を押さえたら、子どもの右手のペーパーを一度放させます。その右手でホルダー付近のペーパーの遠位側を親指と人差し指で把持するように誘導し、ペーパーを遠位側から近位側にやや上方に持ち上げながらカットするよう促します。

⑤ ペーパーを折って半分の長さにする

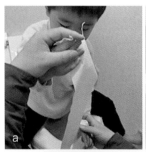
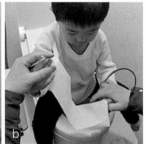

介助者はペーパーを保持している子どもの右手を上方に固定して、ペーパーを垂らします（a）。次に、介助者はペーパーの下のほうを子どもの左手で把持するように誘導します。その際、子どもの左手の親指が上にくるようにしてペーパーをとらせます。ペーパーの両端をそれぞれ保持させたら、子どもの両手を合わせるように誘導して、ペーパーを半分の長さに折ります（b～d）。

⑥ ペーパーをさらに半分に折る

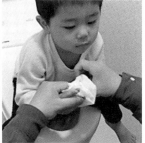

再度、⑤を繰り返します。

⑦ ペーパーを手の平にのせて整える

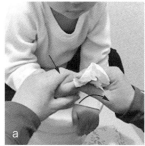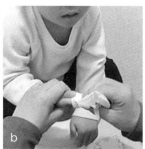

子どもの右手の親指を屈曲させ、ほかの指は伸展させて、ペーパーを持つように促します（a）。介助者は親指の屈曲を保持します（b）。

⑧ 肛門にペーパーを当てる

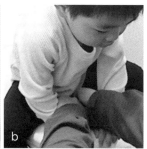

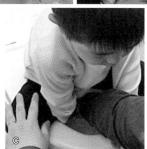

介助者は子どもの右手を肛門に誘導します（a）。子どもの手の平が肛門のほうを向くようにペーパーを運びますが、介助者が子どもの右手を非利き手で介助している場合は、途中で利き手に持ち替えて誘導するとよいでしょう（b）。右手の手の平が上を向くようにして、ペーパーを持つ子どもの指の部分が肛門に当たるように支えます（c）。

この動きを教える際は、介助者がある程度お尻を拭いておき、はじめから便がたくさんついた状態で行わないようにしましょう。また、子どもが自分で肛門まで手を

伸ばせるように取り組む際は、先に介助者が肛門にペーパーを当てたところに子どもが自分で手を運ぶよう促します。

⑨ 拭く

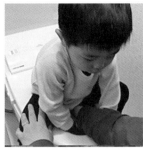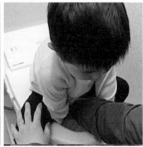

肛門を拭く際は、ペーパーを前から後ろにやさしく押し当てるよう誘導します。汚れをとる必要はありますが、肛門を傷つけないようにやさしく拭くことが大切です。

⑩ 確認してペーパーをトイレに流す

肛門を拭いたペーパーを便器の外に出し、汚れを確認させてから便器に捨てます。汚れていれば①～⑩の手順を繰り返し、汚れていなければパンツとズボンもしくはスカートをはくよう促します。その後、水洗レバーをひねって水を流します。

お尻を拭く
立って拭く場合

① 足を開く

トイレットペーパーをとる流れは「座って拭く場合」①～⑦の手順と同様です。子どもに立位をとらせ、足を開かせます。

介助者はペーパーを持つ子どもの親指の屈曲を上からホールドした後、股関節が外に広がるように、子どもの右膝の辺りから右手

で誘導します。誘導しにくい場合は、一度子どもの左足に重心がのるように右足を軽く持ち上げ、外に開くようにします。

② 介助者に寄りかかり、後ろに手を回す

子どもの右手を後方に回すために、子どもの左手を介助者の肩にのせて、体が前方に倒れるようにします。そうすることで、右手がお尻に届くようになります。

③ お尻を拭く

「座って拭く場合」の⑨と同様に、ペーパーをやさしく押し当てるようにして拭きます。

④ 確認してペーパーをトイレに流す

「座って拭く場合」の⑩と同様に汚れを確認させてから、汚れたペーパーを便器に捨てます。汚れていれば、「座って拭く場合」①〜⑦のペーパーをとる手順と、①〜④のお尻を拭く手順を繰り返します。汚れていなければパンツとズボンもしくはスカートをはきます。その後、水洗レバーをひねって水を流します。

2　体を洗う

はじめに

　体を洗う行為は、体を清潔に保ち病気の予防につながるため、健康を維持するうえで重要な役割を果たします。思春期になると汗腺が発達して、体臭が強くなる時期があり、体が清潔に保たれていないと対人関係にも影響が出てきます。

　子どもが体を洗う動作は、体の大まかな部位がわかってくる２歳頃、泡遊びの延長で体の見えている部分に泡を塗って遊んだり、大人の真似をして洗ったりする様子としてみられます。４歳頃になると、背中やお尻といった見えない部分も洗えるようになってきます。

　しかし、この体を洗う動作は手順が多く、身体部位への意識が弱い子どもにとっては難しい動作であるため、一見、一人で洗えているようでも、洗い残しが多い場合があります。また、清潔に保つ意識がないと、完全に一人でできるようになるまでに時間がかかります。これはお手本になるきょうだいがいる家庭とそうでない家庭といった家族構成や、家庭の環境によっても左右されます。日常の慌ただしい時間帯にお風呂に入っている家庭では、まだ子どもが一人で洗うことはできないという先入観から介助してしまうことが多く、子どもが一人で洗う経験が少なくなるようです。これらのことから、一人洗いができるようになるのは幼稚園・保育園の年長クラスから小学校３年生くらいと、幅広くばらつきがあります。

　体を洗う方法は多様であり、使用する洗剤や道具によっても洗い方が変わってきます。固形石鹸とボディソープでも泡立てる際の手の操作が異なりますし、ボディタオルやボディスポンジ、ブラシといった道具を使う場合や、肌が弱い方は素手で洗う場合もあります。また、体を洗う際、肌への負担を軽減して洗浄効率を高めるためには、洗剤を泡立てることがポイントになるため、泡立てネットや泡ポンプのような道具を活用することもあります。

　本項では、一般的なボディソープとボディタオルを使用して体を洗う方法をご紹介します。

◆環境設定

　体を洗う姿勢を立位姿勢とした場合、重心の位置が高くなることでふらつきやすくなり、足元が泡で滑りやすくなっているため転倒の危険もあります。基本的には座位姿勢で取り組みましょう。その際、必ず両足が床につくような椅子を選択します。

　また、不器用さによって道具をうまく扱えない場合、まずは泡ポンプを使用して、素手かミトンタイプのボディタオルで洗うようにすると、洗うことに集中しやすくなります。しかしこの方法は、背中が洗いにくいというデメリットもあります。このような場合はループ付きのボディタオルを用いると、背中を洗う際の複雑な手の返しが必要なくなり背中を洗いやすいというように、道具を活用したほうがよい場合もあります。手先の機能に合わせて道具を選ぶとよいでしょう。

◆介助のポイント

　体の洗い方は人によって異なります。介助者が異なると手順が変わって子どもが混乱するので、複数の介助者が関わる場合は洗う順番や体をこする回数を一定にして、すべて同じように行います。

　基本的に上から下、左から右（非利き手側から利き手側）、前が終わったら後ろの順で取り組むようにします。体のイメージをとらえにくいことが多いので、介助者がハンドリングで一緒に手を動かして、動きを意識させながら体の各部位の名前を言い、言語概念も育てるようにするとよいでしょう。

　就学している子どもに対して異性の介助者が介助する場合は、性教育の観点から、一緒に裸になってお風呂に入るのではなく服を着て介助する必要も出てきます。子どもが性への意識を持ち異性に対する社会性を学ぶ機会にもなります。

◆導入方法

　いきなりすべてを一人でさせるのではなく、まずは体の見えるところから段階づけて取り組ませましょう。

　体への意識が低い場合、介助者が一緒に手を動かして意識を高めます。「右手」「左手」と、言葉と動きを連動させながら、左右の概念や言語概念も育てていくとよいでしょう。

　実行機能の弱い子どもの場合は、視覚的にどの部位を洗うかをイラストで示した手順書を作成して提示します。手順書は濡れてもいいように、ラミネートフィルムを圧着したものを使用します。注意の機能によって、すべてを一覧で示したほうがいい場合と、一つずつが明確なほうがいい場合があるので、子どもの状況によって提示のしかたを検討する必要があります。いつも同じルーティンで学ぶようにします。

体を洗う

① 椅子に座ってボディタオルをとる

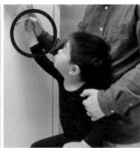

　子どもを両足が床につく椅子に座らせ、介助者は二人羽織のように後方から介助します。

　介助者は子どもに右手でタオルをとるよう促します。タオルを握る際は、手関節を手の甲側に曲げて保持できるようにします。手をタオルに伸ばす際、伸ばした側に姿勢が倒れないように、左腕に重みをつけて支えます。

② ボディソープをつける

　子どもの右手をポンプヘッドの上に運びます。力が弱い場合は、子どもの手関節をやや手の甲側に曲げて、手の平の付け根にポンプヘッドが当たるように誘導します。介助者はそのかたちをキープしつつ、ポンプヘッドを下に押し下げるように力を伝えていきます。子どもの左手は手の平が上を向くようにしてタオルを保持できるようサポートします。

③ 泡立てる

　介助者は子どもの両手を包み込み、タオルを前後にこすり合わせて泡を立てます。介助者の腕と子どもの腕が密着するようにすると動きを伝えやすくなります。上肢の前後の動きで体幹の軸がぶれて姿勢が崩れてしまう場合は、左手を固定して、右手だけを前後させるようにして泡立てます。

④ 左側の首を洗う

　子どもに右手でタオルを持たせ、介助者は子どもの手の甲の上から包み込むようにして一緒に持ちます。

　介助者は「くび」と言いながら子どもの右手を左側の耳元まで運び、首の面に沿って下へ誘導した後、再度耳元まで運びます。下への動きは手の重みを利用して力を抜き、スタート地点の耳元に戻る際は誘導するようにします。1往復を1カウントとして、5カウントしながら繰り返します。姿勢が崩れないように、介助者は左側から支えて重心をやや右側に誘導します。

⑤ 右側の首を洗う

　右側の首を洗います。介助者は左側と同様に、耳元までタオルを運び、動きを誘導します。下への動きは重力を頼りに力を抜きます。5カウントしながら繰り返します。

⑥ 左側の肩から腕の表側を洗う

介助者は子どもの左手を小指側から支え、子どもの手の平が下を向くようにします。また同時に、左手を前方に伸ばすようにします。

介助者は「ひだりて」と言いながら子どもの右手を左肩に運び、肩から指先まで腕に沿ってタオルを下ろすようにします。今度は指先から肩までを同様に動かし、5カウントしながら繰り返します。

⑦ 左側の肩から腕の裏側を洗う

今度は介助者が子どもの左手を親指側から支え、子どもの手の平が上を向くようにして、腕の裏側を洗います。

介助者は「うら」と言いながら左側の脇から指先まで腕に沿ってタオルを下ろすようにします。5カウントしながら繰り返します。

⑧ 左側の脇を洗う

左手を上げて、脇を洗います。手を上げるときに姿勢が崩れないように、介助者は右側へわずかに重心を移動するよう促します。

介助者は「わき」と言いながら、背中側を出発点として、前方に手を回し往復します。5カウントしながら繰り返します。

⑨ タオルを持ち替える

介助者は子どもの右手を手の平側に曲げてタオルを放すように促し、左手は手の平側に曲げた手を手の甲側に曲げる動きでタオルを受け取るようにサポートします。

⑩ 右側の肩から腕の表側を洗う

⑥と同様。今度は右手を前方に伸ばして、手の平が下を向くように保ちます。

介助者は「みぎて」と言いながら子どもの左手を右肩に運び、肩から指先まで腕に沿ってタオルを下ろすようにします。今度は指先から肩までを同様に動かし、5カウントしながら繰り返します。

⑪ 右側の肩から腕の裏側を洗う

⑦と同様。今度は右手の手の平を上に向けて、腕の裏側を洗います。

介助者は「うら」と言いながら右側の脇から指先まで腕に沿ってタオルを下ろすようにします。5カウントしながら繰り返します。

⑫ 右側の脇を洗う

⑧と同様。右手を上げて、脇を洗います。

介助者は「わき」と言いながら、背中側を出発点として、前方に手を回し往復します。5カウントしながら繰り返します。

⑬ 胸を洗う

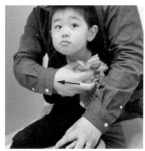

⑨と同様に、タオルを右手に持ち替え、今度は胸を洗います。

介助者は「むね」と言いながら、左から右の方向へ体に沿ってタオルを動かし往復します。5カウントしながら繰り返します。姿勢が後方に倒れないように、介助者の体で後方をサポートして、重心を前方に移動させます。

⑭ 腹を洗う

⑬と同様に、介助者は「おなか」と言いながら、左から右の方向へ体に沿ってタオルを動かし往復します。5カウントしながら繰り返します。姿勢が後方に倒れないように、介助者の体で後方をサポートして、重心を前方に移動させます。

⑮ 股間（座ったまま届く範囲）を洗う

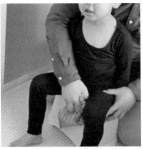

介助者は「また」と言いながら、左右の鼠径部と陰部を上下に股の下までタオルを運び、股間を洗います。5カウントしながら繰り返します（陰部の性器の洗い方については HINT を参照）。

⑯ 左側の大腿部を洗う

姿勢が崩れている場合は、足の裏を床につけるようにして姿勢を整えます。

介助者は「ひだりもも」と言いながら、左側の鼠径部から足に沿って膝までタオルを動かし往復します。5カウントしながら繰り返します。

⑰ 左側の下腿部・足部を洗う

介助者は「ひだりした」と言いながら、左側の膝から足首までタオルを動かし往復します。5カウントしながら繰り返します。

⑱ 左側の足の表を洗う

　介助者は「ひだりあし」と言いながら、左側の足首から指先までタオルを動かし往復します。5カウントしながら繰り返します。

⑲ 右側の大腿部を洗う

　⑨と同様にタオルを左手に持ち替えます。

　⑯と同様に介助者は「みぎもも」と言いながら、右側の鼠径部から足に沿って膝までタオルを動かし往復します。5カウントしながら繰り返します。

⑳ 右側の下腿部・足部を洗う

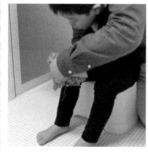

　⑰と同様に、介助者は「みぎした」と言いながら、右側の膝から足首までタオルを動かし往復します。5カウントしながら繰り返します。

㉑ 右側の足の表を洗う

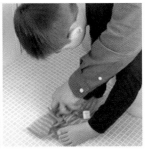

⑱と同様に、介助者は「みぎあし」と言いながら、右側の足首から指先までタオルを動かし往復します。5カウントしながら繰り返します。

㉒ タオルを両手で持ち背中に回す

右手でタオルの端を持ち、タオルを下に垂らすようにします。左手は全指を開き、タオルを親指と人指し指の間のファーストウェブ（**付録1を参照**）に当てながら下方にスライドさせ、肩幅くらいになったところで両手の手関節を手の甲側に曲げて手の平全体で握り、前方に保持します。そのまま頭の後ろにタオルを移動させます。

㉓ 首から肩にかけて洗う

介助者は「くび、かた」と言いながら、両手で持ったタオルを左右に動かしつつ首から肩甲骨の下辺りまで下げていきます。5カウントしながら動かします。

㉔ 背中に対してタオルを斜めにする

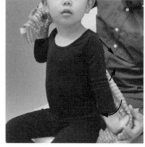

介助者は「せなか」と言いながら、子どもの右手をそのまま上方で固定し、左手を外側に開いてお尻のところまで運ぶようにします。途中、タオルが左側の肘を越えたところで肘を曲げるようにすると、背中に対して斜めにタオルを当てることができます。

㉕ 背中を洗う

タオルを上方に動かす際は、上方にある手を引き上げながら前腕を若干内側にして、肘を伸ばすようにします。下方に動かす際はその逆の動きをします。これにより、体に沿ってタオルを上下に動かすことができます。5カウントしながら繰り返します。

背中に対してタオルをやや垂直方向から水平になるように傾けて動かしていくと、背中の広い範囲を洗うことができます。

㉖ 反対側の背中にタオルを回す

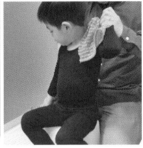

　介助者は「はんたい」と言いながら、㉓のタオルの持ち方に一度戻します。左手をそのまま動かないように固定し、右手を外側に開いてお尻のところまで運ぶようにします。途中、タオルが右側の肘を越えたところで肘を曲げるようにすると、今度は反対側の背中に対して斜めにタオルを当てることができます。

㉗ 反対側の背中を洗う

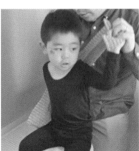

　㉕と同様に、タオルを上方に動かす際は、上方にある手を引き上げながら前腕を若干内側にして、肘を伸ばすようにします。下方に動かす際はその逆の動きをします。5カウントしながら繰り返します。

　背中に対してタオルをやや垂直方向から水平になるように傾けて動かしていきます。

㉘ 腰にタオルを当てる

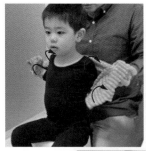 

再度タオルを水平に戻し、両手をさらに外側に広げながら下に下げていきます。両肘を過ぎたら前方にタオルを持ってくるようにして構えます。

㉙ 腰を洗う

介助者は「こし」と言いながら、右手を前方に動かし、左手はその動きについていきます。介助者の手を子どもの手に沿わせながら動かし、タオルが両手から離れないように保持します。今度は後方に引けた左手を前方に動かします。これを5カウントしながら繰り返し、お尻の方へ下げていきます。

㉚ 立つ

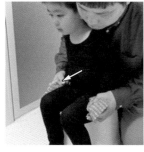 

お尻から足の裏面を洗うために、子どもを立たせます。子どもの両足がしっかり床についていることを確認してから、介助者の体を前方に倒して子どもの重心を前に移動させ、お尻を少し浮かせて立位をとらせます。このとき、介助者が後方から押しすぎて子ども

が前方に転倒しないように注意します。介助者の両手で子どもの体を挟みながら行うと安全です。

㉛ お尻から足の裏面を洗う

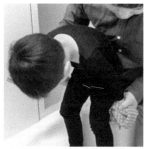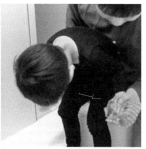

㉙と同じ動きで、お尻からかかとまでタオルを左右に動かしながら下に下げていきます。かかとに近づくにつれて前方に転倒する危険があるので、介助者は子どもが転倒しないように配慮します。姿勢を保てない場合は、お尻を過ぎた時点で、椅子に座るように姿勢を戻すとよいでしょう。

㉜ 股の間を洗う

タオルを右手に持ち替えて、股の間から肛門の辺りまで手を伸ばし、股の間を洗います。デリケートな部分なのでやさしく洗うように、「やさしく、やさしく」と言葉を添えながらゆっくり洗うようにします（HINT を参照）。

㉝ 左側の足の裏を洗う

子どもを再度、椅子に座らせます。足の裏が床につくようにしっかり座っていることを確認したら、介助者は「あしのうら」と言いながら、左足を右膝の上にのせるように誘導します。その際、姿勢が崩れやすくなるので、介助者の体幹で支えながら右側のほうに重心移動させます。姿勢が安定したら、足の裏の指先からかかとまでタオルを往復させて、5カウントします。

㉞ 右側の足の裏を洗う

㉝と同様に反対側も行います。

HINT

性器の洗い方について

　性器はデリケートです。年齢が高くなるにつれて、丁寧に洗う必要が出てきます。泡立てたボディソープと手でやさしく洗うことを教えていきます。

　男の子は、ペニスの包皮を体のほうへ引いて亀頭を出して洗うようにします。陰嚢、肛門周りもやさしく洗います。

　女の子は、やさしくひだの間まで洗い、そのまま肛門の周りもやさしく洗います。感染防止のために、洗い場ではお尻を床につけないようにすることも教えましょう。

第5章
その他の生活動作

1　鉛筆を使う

はじめに

　鉛筆を使用することは、コミュニケーション手段の一つである文字を書くために必要な生活動作です。また、鉛筆を使って自由に絵を描けることは、自分の想いや気持ちを表現したり、創造力を膨らませたりすることにつながります。

　鉛筆を使用できるようになるためには、手指の機能の発達が欠かせません。鉛筆を握る動作には発達段階があり、子どもは各段階を経験することで、成熟した握り方・動かし方を習得していきます。最初から大人のように鉛筆を握ることは難しいでしょう。そのため、手指の機能の発達段階に合わせて介助の方法を変更することが必要です。

　子どもは1歳頃に、なぐり書きをしはじめます。最初は鉛筆を指全体で握りしめて小指側で書き（手掌回外握り）、手指の機能が発達すると親指側で書くようになります（手掌回内握り）。そして、しだいに親指と人差し指を伸ばして鉛筆を握るようになります（手指回内握り）。次の段階では、人差し指の先と中指の側面で支えながら、親指の腹や付け根で挟むように握ります（側方つまみ）。さらに、親指と人差し指の間に隙間ができるようになり、「親指と人差し指の指先の腹」「中指の指先の親指側側面」「親指と人差し指の間のファーストウェブ（水かき部分）」の3点で固定して握るようになります（静的三指握り）。

　手指の動かし方は、側方つまみまでは主に肩と肘の動きで書き、静的三指握りでは手首の動きを使って書くようになります。そして指の動きを主に使うようになり、小さくて細かな線や図形を描くことができるようになっていきます（持ち方については**付録1**を参照）。

　鉛筆をうまく使えない子どもを介助する際に重要なのは、「書くことを嫌いにさせない」ことです。介助者が正しい握り方や動かし方にこだわるばかりに、書くこと自体を嫌いになってしまう子どももいます。子どもの手指の発達段階に合った持ち方で、たくさん書かせてあげることが重要です。

知識編

◆環境設定

　鉛筆を使い文字や絵を書く（描く）ためには、姿勢を保持しておくことが必要です。そ

のため、子どもに合ったテーブルと椅子を準備することが重要になります。

　鉛筆の形状は種類が豊富で、さまざまな太さの鉛筆があります。また、鉛筆の軸形にも六角形、三角形、丸などの種類があります。最初は3点で握りやすいように、太くて、軸形が六角形か三角形の鉛筆を使用しましょう。色鉛筆は軸形が丸のものが多いですが、これは芯の片側だけが減らないよう鉛筆を回しながら使いやすいという利点がある一方、指先で鉛筆を操作することが難しい段階（三指握りより前の段階）では使いづらい場合があるので、できるかぎり軸形が多角形のものを使用しましょう。

◆介助のポイント

　介助者は後方から介助し、最初は指の動きだけではなく腕全体や手の動きも促しましょう。

　鉛筆を使うためには、ただつまんで持つのではなく、「親指と人差し指の指先の腹」「中指の指先の親指側側面」「親指と人差し指の間のファーストウェブ」の3点で固定する必要があります。介助するときには、鉛筆の固定を意識させることが重要です。介助者は子どもの手の甲を包み込むように手首を支え、特にファーストウェブの部分で鉛筆を支えられるように促します。介助者が鉛筆を動かすのではなく、子どもの手が動き出してから動きを誘導するようにしましょう。

◆導入方法

　まずは、子どもに「書くことを嫌いにさせない」ことが重要です。はじめは自由な握り方で書いてもらい、活動の後半や、鉛筆を使うことに抵抗感がなくなってきた頃に、ハンドリングをしていくとよいでしょう。また、子どもが好きなイラストを使い、塗り絵や迷路などの活動をすることで、子どもの興味を維持させることができます。

　鉛筆で図形を描く場合には、図形には難易度があるため、子どもに合わせて難易度順に導入することが重要です。まずは、「縦線（｜）」「横線（―）」から始め、「十字（＋）」「丸（○）」「四角（□）」「クロス（×）」「三角（△）」の順で行うとよいでしょう。斜め線を描くことは難しいため、子どもが鉛筆を使う動作を習得してから導入しましょう。

実践編

鉛筆を使う

① 鉛筆を把持する

　子どもは左手で鉛筆を持ち、右手に持ち替えます（a）。このとき介助者は、「親指と人差し指の指先の腹」「中指の指先の親指側側面」「親指と人差し指の間のファース

トウェブ」の３点に触れながら、子どもの指先が鉛筆の先端の削られているところの手前辺りにくるようにして、鉛筆を握らせます。子どもがファーストウェブの部分を意識できるよう、鉛筆の上から下方向にしっかり触れましょう。

　介助者はさらに、子どもの手の甲を包み込むように手首を支え、手首は手の甲側に曲げた位置（背屈位）で固定します（b）。また、子どもの左手は書く（描く）場所の横もしくは斜め下に置き、紙を押さえるように教えます（c）。押さえがうまくいかないときには、滑り止めシート（Qデスクシートなど）を敷くと紙が固定され、書きやすくなります。

・・・

② 線や図形を描く

　子どもの手が動き出してから、介助者も一緒に鉛筆を動かしましょう。テーブルの上から手が離れると不安定になります。子どもの小指はテーブルに接した状態で動きを促しましょう。

　横線や縦線を描く場合は、子どもの手全体を線の方向へ動かします（a、b）。小さな図形を描く場合は、指の動きがみられるようになってきたら介助者は手首のみを固定し、子どもが主に指の曲げ伸ばしの動きで描けるよう促しましょう（c）。ただし、固定しても指の動きが出ない子どもには行いません。

2　消しゴムを使う

はじめに

　消しゴムは就学後に頻度高く使用する道具ですが、一緒に使用する鉛筆の操作に比べると意外とおろそかにされやすく、うまく扱えないままでいる子どももいます。鉛筆を持って書くようになったら、消しゴムもセットで用意しておくと、早い時期から取り組みやすくなります。

　消しゴムを使用するときに必要となる両手の協調運動においては、消しゴムを動かす手と紙を押さえる手の力の調整が重要です。消しゴムをスライドさせる際、紙に押しつける力と同じくらいの力が紙をこする方向にも働きますが、左右の手の力がアンバランスな場合や力の方向性が異なる場合は、うまく消せないだけでなく、紙がくしゃくしゃになったり破れたりすることもあります。

　消しゴムが扱えないと、間違った部分をうまく消せずにその上に書き込むことで内容がわからなくなる、必要な箇所まで消してミスが生じるなど、学習面でさまざまな影響が出てしまいます。年齢が上がるにつれて、部分的に細かく消すなどの力も必要になっていきます。

知識編

◆環境設定

　消しゴムにも種類があり、代表的なものに、天然ゴムでできているものとプラスチック素材のものがあります。プラスチック素材のものは消しやすいので、現在の主流になっています。さまざまな大きさやかたち、厚みの消しゴムがあるので、子どもの手の大きさに合ったものを選ぶようにしましょう。

　子どもが消しゴムを使用する際、うまく紙を押さえることができずに押さえている指が曲がり、紙がよれてくしゃくしゃになることがあります。うまく押さえられない場合は、滑り止めシート（Q デスクシートなど）を利用することで、紙を軽く押さえるだけでうまく消せるようになります。

　消したい部分に消しゴムの面が当たらず消し残しが出る場合や、周囲のものまで消して

しまう場合は、細かい部分を消すためのペン型消しゴムや、角がたくさんついた消しゴムを使うとよいでしょう。また、字消し板という道具もあります。薄いステンレスにいろいろなかたちの窓が開いているもので、その窓を消したい部分に当て、その上から消すようにすると部分的に消すことができます。周囲のものまで消してしまう場合は、このような道具を使うことも有効です。

◆介助のポイント

非利き手の紙の押さえ方がポイントです。うまく押さえられないと紙にシワが寄ったり、破れたりします。押さえるほうの手は指を開いて、紙が動かないように固定できるよう介助します。

消しゴムを動かす方向によって、押さえる手の向きや力加減も異なってきます。消しゴムを動かすほうの手は、前後か左右、あるいは斜めと一定の方向で消すようにします。紙やノートを回転させて消すようにするとよいでしょう。なかなかうまく消せない場合は、紙を押さえているほうから押さえていないほうへの一方通行のこすり方で消すと、失敗せずに消すことができます。

消しゴムの当て方としては、消したいものの大きさに合わせて、消しゴムの角や丸みを使い分けるようにします。消しゴムを動かすほうの手は、はじめから力を入れるのではなく、最初は少し軽めにこするようにして、徐々に力を入れていくことを教えるとよいでしょう。

消しゴムを使用した後は、カスが出ます。カスが残っていると、続きを書く際に邪魔になったり、ノートでは前のページにカスが残っていると紙が盛り上がって、その上で書くことで文字がゆがんでしまったりします。消しゴムの使い方を練習する際は、カスを集める動きや処理のしかたも教えていくとよいでしょう。

◆導入方法

ホワイトボードに落書きをしてホワイトボード消し（イレーサー）を使って消すという遊びを行うと、簡単に消せるため、きれいにすることへの意識を高めやすくなります。

実際に紙の上で行う場合は、芯がやわらかい鉛筆で薄く書いた文字など、簡単に消えるものから始めるとよいでしょう。また、紙質を厚めにしたり滑り止めシートを敷いたりして取り組み、まずは「消えた」「消せた」という成功体験を踏めるようにしましょう。

消しゴムを使う

① 右手で消しゴムを持つ

　子どもを体に合ったテーブルと椅子に座らせ、紙と消しゴムが子どもの体の前にくるようにします。介助者は子どもの左手で消しゴムを一度保持させます（a）。そして、右手を消しゴムに誘導して、静的三指握りになるように持たせます（b）。指先に力が入りにくい場合は、やや側方つまみのように持たせるとよいでしょう（持ち方については**付録1**を参照）。介助者は、親指・人差し指・中指が子どものそれぞれの指に重なるように持ちます（c）。

② 左手を消したいものの横に置き、紙を押さえる

　介助者は子どもの左手の親指を伸展させて、親指と人差し指でLの字をつくります。そのまま消したいものがLの字の間に入るように手を置き、紙を押さえさせます。

③ 消す対象となるものに消しゴムの角を合わせる

②を保持したまま、介助者は消しゴムを持つ子どもの右手を消したいものの上に誘導します。消したいものに角が当たるように、消しゴムで紙を軽く押さえさせます。

- -

④-1　細かく消す

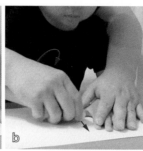

介助者は子どもの左手の甲の上から紙を押さえるようにサポートします。特に親指と人差し指の間をしっかり開いて紙を押さえられるようにします。

右手に持った消しゴムを紙に軽く押し当てて、前後に動かします。このとき、消しゴムは人差し指が広い面にくるように持たせましょう。また、初期の段階では指先だけで消すことは難しいので、腕を前後させるように誘導して消しましょう（a）。

徐々に、紙への圧を強めていきます。外側に向かって消す動きの際には介助者の前腕を若干内側に回すと、親指への力の入れ方が伝えやすくなり、消しやすくなります（b）。この動きを繰り返しながら、消す部分をなぞっていきます。

- -

④-2　縦向きに消す

縦に長いものを消す場合、消しゴムの持ち方は④-1と同様で、前方から腹部のほうに向かって一方通行の動きで消すようにします。紙の押さえ方も基本的に同じですが、前方から腹部に向かって消す場合は、人差し指・中指でしっかり紙を押さえるように力を加えます（a）。親指に力を入れやすい場合は、手前から前方への逆方向に消すのもよいでしょう。この際は、親指のほうにしっかり力を入れて紙を押さえるようにします（b）。

④-3　横向きに消す

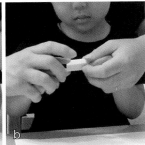

　横向きに大きく消す場合は、④-1と同じ持ち方で消そうとすると消しゴムをつまむ力が必要になり、力が弱いと紙の抵抗で消しゴムが倒れてうまく消せません。このため、消しゴムの向きを変えて、支える面をつくります。

　子どもに人差し指が狭い面にくるように消しゴムを持たせ、親指で広い面、その他の指で裏の広い面を支えさせます（a〜c）。介助者は、親指・人差し指・中指が子どものそれぞれの指に重なるように持ち、紙を押さえている手のほうから外側に向かって、一方通行の動きで消します。消しゴムを持つほうの手は、介助者の親指・人差し指・中指に力を加えて子どもの手から消しゴムがはずれないようにしましょう。また、外側に動かす際は、介助者が前腕をやや内側に回しながら横向きに移動させると、動きを伝えやすくなります。紙を押さえる手は、親指と人差し指に力を加えてしっかり押さえるようにします（d、e）。

⑤ 消しゴムのカスを払う

消し終えたら、消しゴムを置きます。紙を押さえる手は④のかたちのまま、しっかり押さえておきます（a）。介助者は消しゴムを放した子どもの手をそのまま、消しゴムのカスがある位置まで誘導します（b）。子どもの指先が紙につく程度の力加減で、外側に向かって消しゴムのカスを払うように促します（c、d）。

⑥ 消しゴムのカスを捨てる

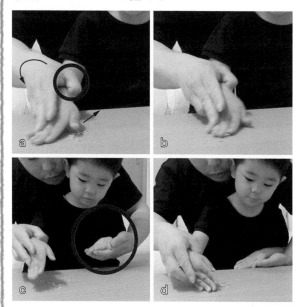

介助者は、子どもが右手の指先をテーブルに触れる程度のところで保てるように親指で手首を支え、ほかの指が伸びるように手の甲の上から手を添えます。さらに介助者は前腕を外側に回しながら、子どもの手を手前に誘導します（a、b）。子どもの左手は手の平を上に向けて介助者の手の平の上にのせ、お椀型になるようにします。子どもの手が開きにくい場合は、親指の付け根を支えて外に開けるようにしましょう（c）。その後、左手はテーブルの高さよりやや低い位置で構えて、カスを受け取る準備をします（d）。

介助者は指の全面を使って子どもの指を支えながら、前腕を外側へ回す動きと手関節を手の平側へ

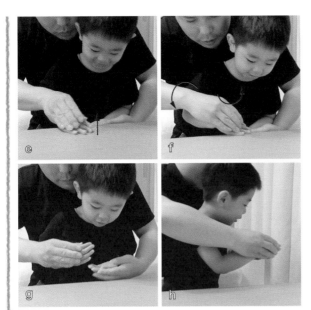

曲げる動きを誘導して消しゴムのカスを払います。このとき、子どもの小指側の指をテーブルの面に沿わせるように動かします。カスを受け取るほうの手はお椀型を維持して下から支えます（e、f）。消しゴムのカスが手の平にのったら、払っていた手を上にかぶせて、カスが落ちないようにゴミ箱に捨てにいきます（g、h）。

COLUMN

感染症対策の工夫　学校編⑤

◆理　科

　理科の実験では感染対策として、グループ中の一人が代表で行う、先生が行う様子を見せて学ばせるといった工夫をしていると思います。最近ではデジタル教科書や、AR / VR技術を活用したデジタルコンテンツへもアクセスしやすくなってきました。人体の構造や天体の動きなど、目に見えないことや想像しにくいことを視覚的にわかりやすく提示することができるので、積極的に活用していきましょう。

3　はさみを使う

はじめに

　子どもはグー・チョキ・パーがスムーズにできる2歳後半辺りから、はさみを使って紙を切ることを楽しめるようになります。はさみは指先や両手を使い、創造性を高めることができる道具であることから、幼児期から工作などで頻繁に使用されます。日常生活の中でも、食品などパッケージされたものを開ける際や洋服のタグをとるときなど、さまざまな場面で活用します。

　はさみを使用するには、両手を協調させた動きが必要になります。利き手ではさみを持ち、手指を開閉させ、刃を動かします。非利き手は紙を持ち、切りやすいように紙の張りを保ちます。そして特定の線やかたちを切る際は、はさみを持つ手を固定させ、紙を持つ手でコントロールすることが重要なポイントとなります。このように左右の異なる動きが必要になってくるので、両手がうまく使えない場合には、非常に難しい動作になります。

　初期の頃ははさみを横に寝かせ、親指が下にくる状態で持つ場合が多く、はさみの刃が紙に対して倒れやすかったり、力任せに手を動かしたりして、紙が切れるというよりは破れてしまうことがあります。また、脇を開き、体をひねりながら横向きになって切るような様子もみられます。

　はさみをうまく扱えないようであれば、段階的に取り組むようにしましょう。初期の頃は「一回切り」から取り組み、はさみを紙に対して立てて持つことや、紙をしっかり保持することができるようになったら、「直線の連続切り」ができるようにしていきます。「連続切り」ができるようになったら、四角や三角など簡単なかたちを切り抜く練習をします。その後、円や曲線を切るなどと、徐々に展開させていきましょう。

知識編

◆環境設定

　はさみを開閉するにあたって、持ち手の指を入れる穴の空間が広いと、開閉の動きができていてもはさみが開きにくいので、子どもの手のサイズに合ったはさみを使うようにしましょう。はさみを使いはじめるときは、プラスチック製など練習用の切れないはさみで

はなく、最初から"子ども用の切れるはさみ"で取り組むようにします。

　はさみには右利き用と左利き用があり、刃の合わせ方が逆になっています。右利きの人が右利き用を使った場合、はさみの左側から切り口が見えるのに対して、左利きの人が同じはさみを使うと、右側からは切り口が刃の後ろに隠れて見えないため、切りたい線と切った線がずれやすくなります。また右利き用は、親指で若干左方向に力が加わるように持ち手を握り、残りの指は右に引っ張るように握ることで、切り口部分の刃のかみ合わせが締まるようになっています。しかし、左利きの人が逆方向に力を加えて使うと、刃のかみ合わせが広がることで、切れ味が悪くなってしまいます。これらのことから、それぞれの利き手に合ったものを使用するようにしましょう。

　はさみの開閉がうまくできない場合は、ばね付きはさみを使用するとよいでしょう。はさみを閉じた後に力を抜くと、ばねの力で刃先が開くようにサポートされるので、力の入れ具合等の動きを学習しやすくなります。

　初期の段階では紙をうまく持ってコントロールすることが難しいので、厚手の紙を使用します。

◆介助のポイント

　基本的に介助者は子どもの後ろから関わります。子どもの利き手を下から受けるように支え、非利き手側では紙の動かし方を誘導します。両脇が閉まるように誘導していきましょう。

　紙を持ちながらはさみで切ることが難しい子どもの場合は、介助者が紙を押さえて、切ることに集中させ、子どもが切る楽しみを得られるようにします。切り取る線がわかりにくい場合は、線を太くしたり、蛍光ペンでわかりやすく表示したりするとよいでしょう。

　特定のかたちを切り抜く場合は、右利きであれば切り抜くものが切る線の左側にくるように、紙を持つ手を誘導します。

◆導入方法

　まずは「一回切り」から行い、基本的なはさみの開閉をさせながら、切ることが楽しくなるようにしていきます。「一回切り」の紙は、フォトマット紙や画用紙など厚手の紙を2cm幅程度の短冊状にしたものを準備し、切る部分に太めの線を入れておきます。

　また、「一回切り」で切り取った紙はペットボトルに入れてマラカスをつくるなど、遊びを通して紙を切る楽しさや"もの"をつくる楽しさを伝えていきましょう。

はさみを使う
一回切り

① はさみを持つ

　子どもを体に合ったテーブルと椅子に姿勢よく座らせます。介助者は子どもに体を密着させ、二人羽織のように子どもの手を誘導します（a）。

　介助者は、子どもが左手ではさみの刃先を持ち上げるように、子どもの手の甲から指先を上から包み込み下から支えるようにして誘導します（b）。次に、右手の指を持ち手の穴に入れていきます。小さい穴に親指を、大きいほうの穴にはほかの指を入るだけ入れ、介助者は子どもの前腕を外側に回して親指が上にくるように誘導します（c）。そのまま、刃がテーブルに対して垂直になるように保持させます（d）。

② テーブルから紙をとる

　左手で紙を持ちますが、片手で紙を扱わなくてはなりません。この片手での操作は難しいので、初期の段階では、③の紙を保持した状態から始めるとよいでしょう。慣れてきたら②にもチャレンジしていきます。

　介助者は、子どもが左手の人差

し指・中指・薬指の指先で紙を押さえられるように手の甲の上から誘導します。そして、子どもの指の上から紙を押さえ、親指側から腹部の方向に移動させます（a）。テーブルから紙がはみだしたところで、介助者の親指を使って子どもの親指をテーブルの上からはずし、その親指を介助者の親指で受けて、子どもが紙をつまめるように挟み込みます（b、c）。紙をつまめたら持ち上げます（d）。

③ 紙を持つ手の位置を調整する

　右手ではさみを保持したまま、②で持ち上げた左手の紙を持ち替えて、線を切りやすいように持つ位置を調整していきます。介助者はまず、はさみを保持した子どもの手で紙をつまむよう誘導します。はさみを持ちながらの操作が難しいようであれば、介助者が指で紙を受け取れるようにサポートします。その後、子どもの左手を外側に回すように誘導して、一度紙を手放させます（a、b）。そして、今度は切る線から2～3 cm離れた位置に子どもの親指がくるように誘導し、介助者の親指と人差し指を子どもの親指と人差し指に重ね合わせて、紙をつまんで保持します（c）。はさみの刃に対して切る線が平行になるように、紙の向きを調整しましょう（d）。

④ 切る体勢を整える

切る動作の構えの姿勢を整えます。初期段階では、両肘がテーブルの上につくか、両側の前腕がテーブルの角につくようにすると、安定した姿勢が得られやすくなります。両脇が開かないように、介助者は子どもの前腕に手を沿わせてサポートします。

⑤ はさみの刃を開く

はさみの刃を開くときは、介助者の親指の先を子どもが親指を入れた小さい穴の上部に引っかけて、刃を開く動きを誘導します（a）。刃先が開いたら、はさみを持つ手はそのまま保持します。次に、紙を保持した手は、切る線と刃が重なるように、刃先のほうから根元の位置に向かって紙を移動させます。このとき、紙はできるだけ刃の根元まで入れるようにします（b）。

⑥ はさみの刃を閉じる

はさみの刃を閉じるときは、介助者の親指で小さい穴の外側から少し力を加えて誘導します。

はさみを使う
短冊の連続切り

　「一回切り」ができるようになったら、今度は 5 cm 幅くらいの短冊を使って「連続切り」を行います。「一回切り」との違いは、はさみの刃先を完全には閉じずに途中で止めるところです。介助者は、刃を開くと同時に左手に持つ紙を手前に移動させる動きを伝えていきます。

① はさみの刃を閉じる際、途中で止める

刃先にビニールテープを巻いたはさみ

　介助者は子どもが刃先を閉じはじめたら、刃先が完全には閉じないところで反対向きの力を加えて抵抗をかけ、動きを止めるようにします（a）。完全に閉じてしまうと、紙に刃先の切り跡が残ります。また、刃を閉じた後に紙を持つ手の自由度が増し、そのつど線に合わせる作業が必要になることで、刃が線からずれやすかったり、切り跡がガタガタになりやすかったりします。刃を閉じる動きを途中で止めることができると、はさみで紙を保持できるので、紙を持っている手を放すことができ、持ち替えが可能になります。これにより、持ち替えが必要な「直線の連続切り」や、特定のかたちを切り抜くこともできるようになっていきます。

　「ジョキ・パッ」と声かけしながら、少し握っては開くという感覚を身につけられるように取り組みます。刃先まで完全に閉じてしまうようであれば、刃の先端にビニールテープを巻いて、完全には閉じられないようにしておくとよいでしょう（b）。

② はさみの刃を開くと同時に紙を刃の根元の方向に移動させる

介助者は「一回切り」の⑤と同様に、はさみの刃を開く動きを誘導すると同時に、左手で持つ紙を刃先から根元のほうに向かって、刃に線を合わせながら移動させるよう誘導します。

③ 連続ではさみと紙を動かす

①と②を繰り返します。

はさみを使う
直線の連続切り

① 切る

介助者は子どものはさみを持つほうの手を動かさないように固定して、子どもが刃の開閉のみ行えるようにサポートします。紙を持つ手の構えとして、はさみの刃の先端辺りの位置で保持できるように誘導します。そして、介助者は親指に圧を加えて、子どもの親指から紙に力が伝わり紙がピンと張るようにします（a、b）。その後は「短冊の連続切り」と同様に、子どもにはさみの刃を開閉させな

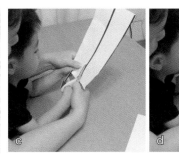 

がら、紙を持つ手を腹部のほうに誘導していきます（c、d）。

② 紙を持つ手の位置を変える

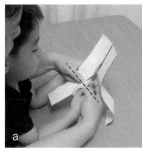 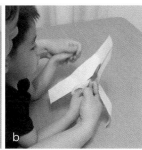

　両肘をテーブルの上につけて「連続切り」を行う場合、はさみの刃より長い距離の線を切るためには、紙の持ち替えが必要になります。紙を腹部のほうに移動させる際、可動域には限界がありますが、紙を持つ手とはさみを持つ手が対称的な位置になったら持ち替えるタイミングです（a）。はさみの刃を閉じたタイミングで、紙を持つ子どもの手を放させ、刃の先端辺りの位置で再び持つように誘導します（b、c）。その後は、①と②の繰り返しになります。

はさみを使う
四角の切り抜き

---

① 直線を切る

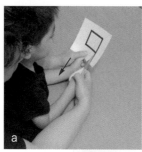

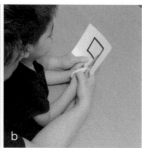

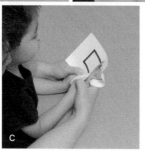

「短冊の連続切り」と同様に直線を切ります。はさみを持つ手は刃先が完全には閉じない状態で開閉を行います。紙を持つ手は切る線と刃が重なるように、腹部のほうに紙を移動させながら切ります（a、b）。角のところまできたら、はさみの刃を完全には閉じない状態で止めます（c）。

※左利きの場合は、切っている部分が見えるように、左側の縦線から逆回りに切ります。

---

② 紙を持つ手の位置を変える

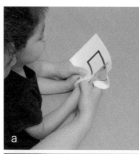

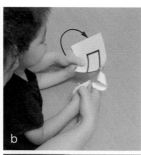

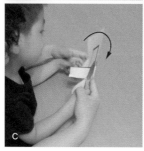

①ではさみの刃を止めたら、紙を挟んだままそれ以上切り込まないように、介助者は子どもが親指を入れた穴の上部に親指の先を引っかけて固定します（a）。そして、紙を持つほうの手関節を手の平側に曲げて紙を回します（b）。四角の場合は紙を 90 度回転させなければならないので、ある程度回したら一度紙を放して、次に切る線から 2〜3 cm 横に離れた位置辺りを保持するように誘導しましょう（c）。刃先と線が重なる位置で止めて、再び①ができるようにし（d）、その後は同様に繰り返

して、かたちを切り抜きます。

はさみを使う
円の切り抜き

① 曲線を切る

　基本的には「四角の切り抜き」の①と同じですが、紙を持つ手は手前に引くのではなく、常に円の線に合わせて手関節を手の平側に曲げながら紙を動かすように誘導します。

※左利きの場合は、切っている部分が見えるように、左側から逆回りに切ります。

② 紙を持つ手の位置を変える

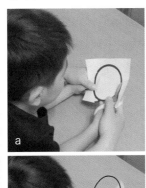
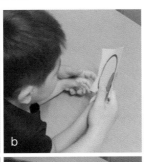

　紙を持つ手を手の平側に曲げる可動域に抵抗を感じたら、紙を持ち替えるようにします（a〜c）。持ち替えも基本的には「四角の切り抜き」の②と同じで、はさみを持つ手は固定したまま、紙を持つ手は次に切る線から 2〜3 cm 横に離れた位置辺りを保持するように誘導します（d）。

4　定規を使う

はじめに

　定規は、先生が板書した内容をノートに視写する際、めあてやポイントの部分を線で区切ったり囲んだりするために、小学校 1 年生の授業でも使用します。算数の授業では、点を結んで「かたち」の学習をする場面があります。2 年生になると長さの学習が始まり、ここで改めて物差しとして、定規の使い方を学びます。

　定規で線を引く際は、2 つの動作を同時に行う両手動作が必要になります。利き手で鉛筆を持って線を引き、非利き手では定規を押さえて、線を引き終えるまで定規が動かないように固定しておかなければいけません。特に、定規を押さえる非利き手の役割が重要です。定規をうまく押さえられないと、線がずれてしまったり、正しく長さが測れなかったりします。また、利き手は鉛筆の先端を定規に当てて定規に沿わせながら動かしますが、このような 2 つの動作を同時に行うことが難しいと、やはりうまく線が引けません。利き手と非利き手で力の入れ具合のバランスがとれている必要もあります。

知識編

◆環境設定

　定規の長さや太さ、厚みも操作に影響します。長さは短めで、指で押さえやすい太い幅のもの、そして少し厚みがあるものが滑りにくく、固定しやすいでしょう。

　定規を使い慣れない頃は、定規が滑ってうまく操作できないことがあります。その場合は裏面にビニールテープを貼り付けると、滑り止めの効果が得られるので、扱いやすくなります。定規の扱いがうまくなってくると、紙の上を滑らせるように操作するので、逆に滑りやすいもののほうがよい場合もあります。

　不器用な子どもは、テーブルの上にくっついた定規を持ち上げることが難しい場合があります。その場合は消しゴムを定規の中央部に両面テープで貼り付けて、持ち手をつくるとよいでしょう。中央部に手がかりができ、定規を持ち上げやすいだけでなく、そこを押さえるようにすると操作がしやすくなる場合もあります。一般的な定規では操作が難しい場合は、滑り止めなどの加工が施された定規を使ってもよいでしょう。例えば Q スケール

15 は、中央部の突起の部分が手がかりとなって定規を押さえやすく、シリコン素材の滑り止め効果でずれにくいといった特徴があります。また、目盛りや数字の色は黒地の背景に白とコントラストがはっきりしていて、目盛りの長さに変化があるため、目盛りが読みやすいという特徴もあります。

　左利きの場合、左から目盛りが始まる一般的な定規では、手で目盛りが隠れて見えにくかったり、左から右に線を引くと定規を押さえている手にぶつかったりします。左利き用の定規は目盛りが右から始まり、左利きの人が使いやすいようになっています。

　プリント課題などでは、定規を扱っているうちに、下にある紙も動いてしまう場合があります。その際は、紙が動かないように、テーブルの上に滑り止めシート（Ｑデスクシートなど）を敷いてその上に紙を置くようにします。

◆介助のポイント

　定規の扱いに慣れていないと、定規の適切な位置や向きがわからず、動きが定まりません。直線を引く際の基本として、横線を描く場合は、定規の上側を使って線を引くようにします。また、縦線を描く場合は、利き手が右であれば定規の右側で線を引くようにします。長さを測るときも同様で、このように動きを統一しておくとスムーズに扱えるようになります。

　また、定規は体の正面で操作するようにします。これにより両手が使いやすくなり、鉛筆を当てる部分の確認もしやすくなります。線を引く際、鉛筆が定規側に傾きすぎると、鉛筆の先端が定規から離れて線が逸れてしまいます。鉛筆が反対側に傾くと、鉛筆の先端が定規の下に入り込んだり、定規が鉛筆に押されてずれやすくなったりします。鉛筆が傾きすぎていないか、確認しながら行うようにしましょう。

◆導入方法

　横線は手が交差するのに対して縦線は交差しないこと、定規を当てる部分と鉛筆の角度が確認しやすいことから、縦線のほうが操作はしやすいでしょう。2点を結ぶなどの課題の場合は、ノートを回転させ、縦線で引くようにするとうまく線が描ける場合もあります。

　また、直線を意識していく方法として、ノートなどにある罫線の上に定規を当ててなぞるように直線を引く練習をするとよいでしょう。

定規を使う
縦線を引く

① 定規を押さえる

　子どもを体に合ったテーブルと椅子に姿勢よく座らせます。テーブルの上に滑り止めシート（Q デスクシートなど）を敷き、その上に紙を置いて準備します。介助者は子どもに体を密着させ、二人羽織のように子どもの手を誘導します。

　介助者はまず、子どもの左手を定規の真ん中に運び、手の甲の上から定規を押さえるようにサポートします。子どもの親指と人差し指を開いて、定規が動かないように固定するよう促します。定規の位置は子どもの体の前にくるようにします。

② スタート地点に鉛筆を運ぶ

　介助者は体を少し前方に倒して、子どもの体が前方に傾くようにします。次に、子どもの右手に鉛筆を保持させ、介助者は鉛筆の向きが安定するように、子どものファーストウェブ（**付録 1** を参照）の部分に鉛筆を押し当てるようにして保持します。そして、スタート地点に子どもの手を誘導します。このとき、縦線の場合は上から下へと引くようにします。鉛筆が定規に対して傾きすぎていないかを確認しましょう。

③ ゴール地点に鉛筆を運ぶ

鉛筆の先端を定規に沿うように当てます。介助者は傾けた体を元に戻しながら、子どもの右手を体に向かって肘ごと垂直に引くように、子どもの動きに合わせて誘導します。

定規を使う
横線を引く

① 定規を押さえる

基本的には「縦線を引く」の①と同様ですが、定規を押さえるのは子どもの人差し指・中指・薬指になります。子どもの中指が定規の中心になるようにして、人差し指と薬指を少し開いて定規を押さえるよう促します。

② スタート地点に鉛筆を運ぶ

介助者が体を少し前方に倒すことによって、子どもの体も前方に傾きます。これにより、子どもが定規の鉛筆を当てる上側を確認できるようにします。次に、子どもの右手に鉛筆を保持させ、介助者は鉛筆の向きが安定するように、子どものファーストウェブの部分に鉛筆を押し当てるようにして保持します。そして、スタート地点に子どもの手を誘導します。このとき、横線の場合は左から右へと引くようにします。

※左利きの場合、横線は右から左へと引くようにします。

③ ゴール地点に鉛筆を運ぶ

　　　介助者は子どもの左手で定規の
中央をしっかり押さえられるよう
にホールドします。右手は鉛筆の
先端を定規に当てるようにして、
肘ごと水平に外側へ移動させ、線
を引きます。

COLUMN

感染症対策の工夫　学校編⑥

◆校外学習・旅行的行事

　感染対策として多くの場合は、少人数で近隣に出かける、公共交通機関を利用しないといった工夫をしながら子どもたちの学びの機会を確保していると思います。動物園や水族館、博物館や美術館では、インターネット上での施設の紹介や、AR / VR技術を活用したデジタルコンテンツの提供をしているところも増えてきました。実際に出かけて肌で感じるのも大切な学びですが、インターネットやデジタルコンテンツを活用して動物の食事の様子を眺めたり、化石を隅々まで眺めたりと、疑似体験を通して学べることも少なくありません。新しい場所に出かけることに不安を感じやすい子どもの場合は、出かける場所を確認して不安を軽減できますね。

5　セロハンテープを使う

はじめに

　セロハンテープは私たちの身近にある生活用品の一つです。シールを貼る場合と異なり、紙と紙を貼り合わせたり、破れた紙を貼り合わせたりすることが可能であり、セロハンテープをうまく使用できるようになると、子どもたちの遊びや活動の幅が広がります。

　テープを切るためには、片手でテープカッター台を支えながら、もう片方の手でテープを切る必要があります。また、テープを貼るときには、片手で紙を押さえながら、もう片方の手で貼りはじめ、最後は両手で貼る動きが必要になります。したがって、左右別々の動作を同時に行う両手の協調運動が必要な複雑な動作です。

知識編

◆環境設定

　テープカッター台は子どもの利き手側に置きましょう。利き手の反対側にテープカッター台があると、体の正中線を交差して利き手を伸ばす必要があり、スムーズな動作ができません。また、うまくテープを切るためには、テープカッターを支えておく必要があるため、使用するテープカッターは小巻のものや軽量のハンドカッターではなく、卓上のテープカッター台を使用しましょう。

　紙を押さえておくことが難しい場合は、紙が動きにくいように、滑り止めシート（Qデスクシートなど）を使用しましょう。

　適当な長さでテープを切るということを子どもに理解してもらうために、3～4 cmの色付きマスキングテープを見本として提示しておくとよいでしょう。

◆介助のポイント

　テープを切るときの手の動きを教えましょう。テープはただ水平に引っ張るだけでは切れません。テープを刃に当てて一気に下に引っ張るか、テープを斜め下に引っ張って少しひねるように切る必要があります。介助者は子どもの手の甲を包み込むように支え、テープがきれいに切れるような切り方を促しましょう。その際、非利き手は、テープカッター台が動かないように支えます。

子どもたちの中には、必要なテープの長さを考えることが苦手で、必要以上に長くテープを引っ張る子どももいます。テープの長さはテープの切りやすさや貼りやすさを考えると、3〜4 cm が適当です。

　紙にテープを貼る動作は、テープを貼る方向で変わります。テープを横に貼る場合は、テープが切れたら、両手でテープの両端を持って貼ります。介助者は子どもの両手を誘導し、両手でテープを持ちます。そして、両手をそれぞれ外側方向に軽く引っ張り、テープをピンと張った状態にしながら貼りましょう。両手でテープを持ちテープの真ん中付近を紙に貼った後、真ん中から外側に向けて残りのテープを貼ります。テープを縦に貼る場合は、利き手でテープを持ち、非利き手は紙が動かないように押さえましょう。そして、テープの上端を貼り付け、利き手の指で残りの部分を貼り付けます。

◆導入方法

　まずは、新聞紙やチラシを丸めたボールを補強するためにテープを貼るなど、丁寧にテープを貼れなくてもよい活動から始めると、失敗が少なくテープを貼る動作を経験することができます。また、紙と紙を貼り合わせる動作は紙を押さえることが必要となるため、導入として、紙をテーブルや壁に貼り付けて塗り絵やお絵描きをするような活動から始めると成功しやすく、子ども自身も達成感を感じやすくなります。

実践編

セロハンテープを使う

① テープを切る

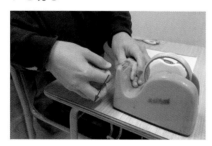

　　左手でテープカッター台が動かないように支えます。介助者は子どもの手の甲を包み込むように支え、右手は子どもの親指の爪が上を向く位置でテープをつまませます。そして、右手を奥から手前方向に動かすよう促し、テープを引っ張ります。

　テープを適当な長さ（3〜4 cm）に引っ張った後、テープを刃に当てて斜め下方向に引っ張ります。一気に引っ張って切る場合は、子どもの親指の上から、下へ向かって力を入れて切ります。テープをひねって切る場合は、子どもの手を内側に回しなが

ら（手の平が下を向くように）ひねって切ります。

② テープを紙に貼り付ける

　テープの両端を両手で持ち、左右外側方向に軽く引っ張ります（a）。次に、貼りたい部分にテープの真ん中を貼り付け、外側に向けて残りの部分を貼ります（b）。縦に貼る場合は、テープを縦にして、右手でテープの上端付近を持ちます。左手は紙が動かないように押さえましょう。貼りたい部分にテープの上端を貼り付け、右手で残りの部分も貼ります（c）。

　貼り終わるときはテープから手を放し、人差し指を使ってテープを密着させます。介助者は子どもの人差し指に触れ、テープの貼れていない部分を押して貼り付けましょう（d）。

6　紙を折る

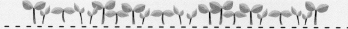

はじめに

　紙を折る動作は、折り紙で遊ぶときや、プリントを整理するときに必要な生活動作です。子どもたちの中には、角と角、端と端をうまく合わせたり、しっかり折り目をつけたりすることが苦手で、折ることに抵抗を感じ、折り紙を嫌いになっている子どももいます。うまく紙を折るためには、紙をどのように折るかイメージすることと、両手の協調運動、目と手の協調運動、手先の巧緻性などの能力が必要です。

知識編

◆環境設定

　紙を固定しやすいように、最初のうちは滑り止めシートを準備するとよいでしょう。使用する紙は、片面に色がついていて裏面が白色のものを選びます。両面が同じ色の紙を使うと、折るときに紙の端や角が見えづらくなってしまいます。滑り止めシートを使わないときは、テーブルの色とは異なる色の紙を使用しましょう。

　最初のうちは、紙に折り目をつけておくことで折りやすくなります。また、折ったときに合わさる角の隅を三角に塗りつぶしておくと、角と角を合わせやすくなります。このように、使用する紙に一工夫を加えることで折りやすくなり、紙を折ることを楽しめるようになります。

　「紙を折る」動作は主に手指を使う動作ですが、細かく複雑な動作であり、まずは安定した姿勢をとることが重要なため、子どもの体に合ったテーブルと椅子を準備しましょう。

◆介助のポイント

　安定した姿勢を促すため、介助者は子どもの後方から介助するようにしましょう。

　折る方向には「下から上」と「右（左）から左（右）」がありますが、最初のうちは、持ち替えが少なくよりスムーズに折ることのできる「下から上」に折る動作を促しましょう。

　紙を折るハンドリングでは、「角を合わせる」動作がポイントです。両手を使って一度に左右の角を合わせようとすると、紙の固定がうまくいかず、角がずれやすくなってしまいます。まずは利き手と非利き手を使い分ける動作を誘導し、子どもが今どちらの手をどの

ように動かしたらよいのか、わかりやすいように促しましょう。右利きの場合は、右手で左下の角をつまんでもらいます。そして、左手で紙を固定した状態で、右手で持った紙をゆっくりと持ち上げ、左上の角の少し手前で止めます。そこから、下側の紙の角に合わせるように少しずつ上側の紙の角を滑らせていきます。角と角が合わさったらその位置で止まり、紙に折り目をつけていきます。子ども自身が角を合わせることを意識できるように、事前に声かけをし、角と角が合わさったら合図を出してもらうようにしましょう。

◆導入方法

　紙を折ってつくる作品は、できるかぎり単純なものにしましょう。角をどこに合わせたらよいかがわかりづらいと、子どもの能動的な動作を引き出しにくくなってしまいます。角と角、角と線を合わせるだけで完成するものからつくることで、子ども自身が、折り紙に対する興味を膨らませることができます。

実践編

紙を折る

① 紙をつまむ

　子どもの右手で左下の角をつまませます。介助者は、子どもの右手の甲を包み込むように支え、親指の爪が下を向くようにして、角が見えやすい位置をつままませましょう。子どもの左手は紙の左端（左辺）中央のやや上に置き、介助者は子どもの左手の上から支えて紙を押さえます。

② 紙を持ち上げる

　左下の角を持った右手を、左上の角に向けて持ち上げ（a）、左上の角の少し手前で止めます（b）。

③ 角と角を合わせる

角の手前から滑らせて角を合わせ、角と角が合わさったら左手を紙の間から抜きます（a）。介助者は子どもに左辺の一番下を意識させ、人差し指の腹でしっかり折り目をつけさせます（b）。

④ 折り目をつける

紙の左辺に折り目をつけたら、左手で紙を固定し、右手の人差し指を伸ばします。介助者は、子どもの右手の人差し指をつまんで固定し、左辺につけた折り目から右側に向けて紙を押さえながら折り目をつけさせます。しっかりと折り目がつくように、介助者は子どもの人差し指が紙を上から押さえているかを意識しながら指の動きを誘導しましょう。

7　シールを貼る

はじめに

　シールには、子どもたちが好きなキャラクターが描かれているものや、可愛らしいイラストのシール、キラキラ光るシールなど、さまざまな種類があります。シールを好きな子どもたちはとても多く、シールは子どもたちの意欲を高める生活用品であるといえます。

　シールをきれいに貼るには、まずシールを台紙からきれいに剥がす必要があり、シールをきれいに剥がすには、指先の巧緻性や両手の協調運動が求められます。また、シールの向きを調節したり、貼るところを確認したりするときには、空間や位置を捉える力、注意力なども必要になります。

　シールを貼る場面は、例えば、何かを達成したときにポイントとして貼る、カレンダーの特別な日に目印として貼る、工作でつくった作品に好きなシールを貼るなど、さまざまです。このように、子どもたちにはさまざまな場面でシールを貼る機会があるため、自分の貼りたいシールを貼りたいところに貼れるようになることは、達成感や自尊感情を高めるうえでも重要なことです。子どもたちにとって楽しい作業であることを念頭におきながら介助しましょう。

知識編

◆環境設定

　子どもが貼りやすいシールを準備します。大きめで、子ども本人が見て確認しやすく、持ちやすいものがよいでしょう。指先の力加減が不安定な場合は、硬めの素材のシールを使うことで、シールにシワがつかず、そのままのかたちが保たれ、成功しやすくなります。また、シールを台紙から剥がすときに指先でつまむことが難しい場合は、介助者が剥がす側の端を少し剥がしておくことで、つまみやすくなります。

◆介助のポイント

　シールを剥がすときには、非利き手で台紙を保持して利き手でシールを剥がすといった、両手の使い分けが重要です。介助者は後方から介助し、子どもの手の甲の上から包み込むように子どもの両手を支えながら動きを促します。

非利き手では、シールを剝がすために台紙を保持します。このときに、人差し指でシールの裏側を支えるように持つことで、シールを剝がしやすくなります。介助者は、子どもの人差し指を少し伸ばし、シールの裏側を支えるように促します。

　利き手では、親指の腹と人差し指の腹でシールをつまんで剝がします。介助者は、親指の爪が上を向いた構えで動きを促しましょう。

　シールを貼るときにも、利き手は、親指の爪が上を向いた構えのまま貼ります。そして、親指や人差し指の腹でシールを押さえて十分に密着させます。

◆導入方法

　シールを貼ることは、子どもにとってモチベーションの高まる作業です。うまく貼れないことでストレスを感じないよう、子どもの能力に合わせた課題を設定しましょう。シールを貼ることが苦手な子どもの場合は、貼る箇所ができるかぎり少ない課題から始めましょう。

実践編

シールを貼る

① 左手で台紙を持つ

　シールの裏側を人差し指で支えるように台紙を保持します。介助者は後方から介助し、子どもの両手を手の甲の上から包み込むように支えましょう。

② 右手でシールを剝がす

　親指の腹と人差し指の腹でシールをつまんで剝がします。介助者は、右手の親指の爪が上を向いた構えでシールを剝がす動きを促しましょう。

③ シールを貼る

　シールを剥がすときと同様に、親指の爪が上を向いた構えでシールを貼ります。左手は、紙が動かないように、しっかりと押さえましょう（a）。いったんシールを貼った後は、伸ばした人差し指の腹でシール全体を押さえて密着させます（b）。

COLUMN

感染症対策の工夫　施設編

　児童発達支援事業所や療育センターなどの施設では、利用者が日によって変わるので、家庭や学校よりもこまめな感染対策が必要です。玄関での検温と手指消毒を徹底することはもちろん、こまめな換気、空気清浄機の設置、使用した道具の消毒、道具を一人一つ準備するなどの工夫は多くの場所で実践されているのではないでしょうか。また、食事や調理の時間では、子ども同士の間隔を十分にあける、パーテーションを設置する、対面にならないような座席配置にするなどの工夫も行われていると思います。

　活動内容の工夫としては、身体接触が多い遊びや道具を共有する活動はなるべく避ける、屋外活動を増やす、活動場所を分けて密にしないなどの工夫が挙げられます。さらに最近では、インターネットを利用したオンライン療育やオンライン面接も行われています。オンラインで生活動作にアプローチする場合、実際に家庭で使っている道具で練習することができます。子どもたちの中には、YouTuberになった気分で意欲的になる子どももいます。オンラインに抵抗を持つ家庭もありますが、マニュアルを作成したり接続テストの機会をつくったりしながら、オンラインの良さを経験できるとよいですね。

8　袋に入れる

はじめに

　袋に入れる動作は、主に物を片づけるときに行う動作です。物を片づけたり整理整頓したりできるようになると、気分がよくなるだけでなく、次に物を使うとき何がどこにあるかがすぐにわかるため、効率的に物を使うことにもつながります。

　子どもは 2 歳頃になると、自分のことは自分でしたいという気持ちが強くなりますが、物を袋に入れるときに袋がぐちゃぐちゃになったり、物がうまく入りきらなかったりすることがあります。自分のものは自分で片づけたいという気持ちがみられるうちに、自分で物を袋に入れる動作を身につけられるように促しましょう。

知識編

◆環境設定

　袋の口が狭いと物を入れづらいため、失敗しやすくなってしまいます。はじめのうちは、口が広めの袋を準備しましょう。

　袋に物を入れるときは、大きいものから順に入れることがポイントですが、子どもは、どの順番で物を入れればよいかを考えながら行動することが苦手です。また、つい目の前のものから袋に入れてしまいやすいため、ハンドリングの際は、袋に入れる順番が早いものから子どもの目の前に並べておくようにしましょう。

◆介助のポイント

　前述したとおり、大きいものから袋に入れることが重要です。小さいものから入れて袋の中のスペースを効率的に使うことができず、後半で物が入りきらないという状況にならないように注意しましょう。

　袋に入れる動作は、片手で袋を保持し、もう片方の手で物を袋に入れる両手の協調運動が必要な動作です。子どもは空間で袋を保持しておくことが苦手なため、袋はテーブルにつけたまま物を入れるように促しましょう。また、スムーズに物を入れるためには、袋の口を大きく開いた状態で保持し続けることが必要です。非利き手で袋の口を大きく開いて持つように促しましょう。

すべての物を袋に入れたら、ひもを引っ張って袋の口を閉じます。袋の中の物が出てこないように、袋の向きに注意しながら誘導します。両手で左右それぞれのひもをつまんで持ち、両端に引っ張って口を閉じましょう。ハンドリングの際は、子どもの自発的な動きがみられてから誘導することが重要ですが、袋を使ったことがない子どもの場合は、袋の使い方や口の閉じ方がわからず混乱してしまうかもしれません。そのような場合は、はじめに袋の使い方や口の閉じ方を介助者が実際にやってみせたり、子どもの手をとって一緒に行ったりして動きを教示しましょう。子どもと一緒に行う際は、動きや力の方向を教えることが必要です。また、はじめは介助者が子どもの手を他動的に動かし、少しずつ子どもの自発的な動きを引き出すようにしましょう。

◆導入方法

子どもの意欲を維持・向上させるために、子どもが好きなおもちゃを袋に入れるようにするとよいでしょう。また、単に袋に入れるだけではなく、好きなおもちゃを袋に入れてお出かけをする、袋に入れて片づけができたら好きな遊びができるなど、袋に入れるという準備と片づけの動作ができたらさらに楽しいことがあるような工夫をすると、子どもがより意欲的に取り組むことができます。

実践編

袋に入れる

① テーブルの上に、袋に入れる物と袋を並べる

左側（非利き手側）に袋、右側（利き手側）に物を並べます。物は、袋に入れる順番が早いものから子どもの目の前に並べるようにしましょう。介助者は子どもの後方から介助します。

② 左手で袋の口を広げて持つ

子どもに左手の親指と人差し指・中指の3指で袋の口の上側をつまませ、介助者は子どもの後方から左手の甲を包み込むように支えます。袋の口が大きく開きやすいように、親指の爪が下を向いた状態にしてつまむよう促しましょう。介助者は、子どもの左側の前腕を垂直に上げるよう誘導し、袋の口を開けます。袋はテーブルにつけた

まま行いましょう。

③ 右手で物を袋に入れる

　左手で袋を固定したまま、右手で物を袋の中へ入れていきます。大きいものから入れるように促しましょう。

④ 両手をひもに持ち替える

　すべての物が袋に入ったら、介助者は子どもの両手の甲を包み込むように支え直します。そして、両手で左右のひもを持つように誘導します。袋の中身がこぼれ出ないように注意しましょう。

⑤ 袋の口を閉じる

　両手でテーブルと平行に、左右へ同時にひもを引っ張る動きを誘導します。ひもの引っ張り方や引っ張る方向がわからない場合は、介助者が一度やってみせるか、子どもの手をとり一緒に行って動きを教示しましょう。一緒に行う際は、子どもの手の甲を包み込むように支え、ひもを引っ張る方向や両腕の動き、力の方向がわかるように教示することが必要です。また、はじめは介助者が他動的に子どもの手を動かし、少しずつ子どもの自発的な動きを引き出すようにしましょう。

9　ファイルする

はじめに

　ファイルする動作は、書類をクリアファイルなどのファイルに挟んで整理するときに用いる動作です。うまくファイルするためには、紙と紙をきれいに重ねて整え、紙とファイルの角を合わせて挟まないといけません。そのため、両手の協調運動が必要になります。

　ファイルする動作が苦手な子どもの場合は、紙がぐちゃぐちゃになってしまったり、挟むときに中身の紙が出て落ちてしまったりすることがあります。整理整頓が苦手な子どもにとって、ファイルは有効なアイテムになるため、子どもであっても自分でファイルできるようになることは生活を送るうえで重要です。

　未就学の頃は、生活の中でファイルする動作はほとんど行いませんが、小学校に入学すると教材やお便りなどプリントが増えるため、小学校に入る前にファイルする動作を身につけておくとよいでしょう。

知識編

◆環境設定

　使用するファイルは、中身が見えやすいよう透明のクリアファイルにしましょう。ファイルするときは、数枚の紙をきれいに整えて入れる必要があります。実際に生活の中で使用することを見据え、紙は 1 枚のみではなく 2〜3 枚程度、用意しておきましょう。また、紙を整える際にはテーブルを利用するため、子どもの体に合ったテーブルと椅子を準備しましょう。

◆介助のポイント

　紙をファイルに入れる前には、紙と紙をきれいに重ねて整える動作が必要です。介助者は子どもの両手の甲を包み込むように支え、両手の親指の爪が上を向いた状態で紙の左右の端をつままませます。つまむときは、整えやすいように紙の左右の端の中央付近をつまむよう促しましょう。

　両手でつまんだ状態で、紙の面と子どもの顔が向かい合うようにテーブルから離れる高さまで持ち上げさせ、両手で「放す-つまむ」の開閉運動を行うよう促して、紙と紙がきれ

いに重なるように整えさせます。つまんでいる親指と人差し指・中指を紙から軽く離し、紙がテーブルに触れたら再度つまむこの「放す–つまむ」の動作を紙と紙がきれいに重なるまで繰り返させます。紙から指を離すときは、またすぐにつまめるように、手指を完全に伸展させるのではなく数 cm のみ離す動作を促すことが重要です。手を開くことを子ども自身に意識してもらえるように、紙から指を離すときに「パー」と声かけをするとよいでしょう。

　子どもたちは空間で物を保持し続けることが苦手なため、紙をファイルに入れる動作では、紙とファイルはテーブルにつけた状態で誘導しましょう。非利き手でファイルを開き、利き手で紙を入れ、ファイルの角と紙の角がそろうように挟みます。

◆導入方法

　子どもが能動的な動作を行うためには、その動作の目的を子ども自身が理解しておくことが必要です。ファイルする動作を初めて行う場合は、ファイルを使う目的を子どもに伝えてから動作を誘導しましょう。塗り絵やお絵描きをした紙をファイルするなど、日常生活の中で動作を誘導し、少しずつ子ども自身でファイルする動作ができるように促すとよいでしょう。

実践編

ファイルする

----

① 紙を束ねてつまむ

　　介助者は子どもの後方から両手の甲を包み込むように支えます。子どもの前腕を外側に回し、両手の手の平と親指の爪が上を向いた状態ですべての紙をすくうように誘導します。

----

② 紙を持ち上げ、「放す–つまむ」の動作を繰り返して紙をきれいに整える

　束ねた紙の左右の端の中央付近をつまませ、紙の面と子どもの顔が向かい合うように持ち上げさせます。このとき、手首だけでなく腕全体を動かし、紙がテーブルから 5 cm 程度離れる高さまで持ち上げるよう促します（a）。

　持ち上げた状態で、両手の指の付け根の関節（手指 MP 関節）を伸展させ紙と指を

離し、紙の下端をテーブルにつけるように誘導します（b）。紙がテーブルについたら両手の手指関節を屈曲させて紙をつまませます。そして、再度、手指MP関節を伸展させ紙がテーブルについたら紙をつまませます。このように「手指の伸展-屈曲運動」を誘導し、紙と紙がきれいに重なるまで繰り返し行わせます。手指を伸展させて紙から指を離すときに、「パー」など声かけすることで、紙と指を離す動きを誘導しやすくなります。

- -

③ ファイルを開く

右手のみで紙を保持させ、左手は紙から離してファイルを持つように誘導します。介助者は子どもが紙をファイルの中に入れやすいように、子どもの右手の甲を包み込み、手首を手の甲側に曲げ（背屈）させます。そして、ファイルはテーブルにつけたまま、左手の親指と人差し指でファイルを開くよう促します。

- -

④ ファイルに紙を入れる

ファイルを開いている左手の位置を固定した状態で、ファイルの中に紙を入れさせます。この動作でも、ファイルはテーブルに置いたまま行わせましょう。介助者は、子どもの右手だけではなく、右腕全体を体の中央に向かって誘導しながら紙を挟ませます。ファイルの角と紙の角がそろうよう、角に注目させましょう。

10　物を整理する

はじめに

　就学後の子どもたちは、学習プリントなどをファイルに綴じて整理することがあります。また、成人になれば仕事の中で書類を整理する場面が出てきます。そのため、書類等をファイルに綴じるなどの物を整理する動作は、学校生活だけでなく大人にとっても重要な生活動作といえます。

　本項では、物を整理する動作の中でも、紙に穴をあけてファイルに綴じる動作についてご紹介します。

知識編

◆環境設定

　紙に穴をあけてファイルに綴じる動作は、テーブルの上で行い、巧緻運動を必要とするため、子どもの体に合ったテーブルと椅子を準備することが重要です。道具は、紙、穴あけパンチ、ファイルを準備します。使用する紙は、穴をあけるときによけいな刺激が入らないように絵や文字の多いものは避け、できるかぎり白紙や裏紙を用いるようにしましょう。

◆介助のポイント

　紙に穴をあけてファイルに綴じる動作は、巧緻運動や両手の協調運動が必要であるため、ハンドリングでは手指の細かい動きを促すことが重要です。

　穴あけパンチを使って紙に穴をあけることが苦手な子どもは、紙のどの部分にパンチを合わせればよいかわからなくなることがあります。その場合は、紙を半分に折って折り目をつけた後、折り目（パンチに合わせる部分）にペンで目印をつけることでスムーズな動作を促しやすくなります。穴あけパンチにはすでに目印がついている場合がほとんどですが、はじめのうちは、パンチについている目印も上から色をつけたり大きく描いたりして強調するとよいでしょう。

　紙に穴をあけるときに紙が不安定で穴が斜めにあいてしまうことを防ぐため、紙をパンチに通すときは、片手ではなく両手で行わせましょう。パンチで穴をあける際は、利き手

で紙を固定したまま、非利き手で力強くパンチを押すよう促します。

　綴じ具のつけはずしの誘導も重要です。綴じ具のつけはずしは主に人差し指で行うため、子どもの人差し指を伸展させ、介助者は子どもの人差し指をつまんで誘導します。まず、ファイルの綴じ具が子どもの正中にくるようにファイルを開いて準備します。綴じ具のスライド部分に人差し指を置き、スライド部分の上側は下（手前）方向へ、下側は上（奥側）方向へスライドするように誘導しましょう。

　綴じ具を取りはずしたら、ファスナーを紙に通します。紙の穴にファスナーを通す動作は、特に両手の協調運動が必要です。利き手でファスナー、非利き手で紙を保持させましょう。非利き手は、親指の爪を下に向けた状態で紙をつまんだ後、ファスナーを通す側から穴が見えるように紙をめくらせます。そして、ファスナーに向かって紙を移動させて穴に通し、紙の２つの穴に通したら、同じ要領で綴じ具にも通していきます。

◆導入方法

　子どもたちの中には、ファイルの綴じ具の使い方がわからない子どもも多くいます。そのため、ハンドリングの前に、介助者が適切な使い方を一度やってみせ、綴じ具や紙の持ち方、動きや力の方向などを教示することも必要になります。はじめのうちは子どもの手を他動的に動かし、動きを引き出しながら一緒に行うとよいでしょう。

実践編

物を整理する
紙に穴をあけてファイルに綴じる

① 紙を半分に折り、目印をつける

　左手で紙を固定したまま右手で紙を持ち上げて、紙を半分に折ります（a）。折り目をつけたら、ペンで目印をつけます（b）。目印をつけておくことで、子どもが注目すべき箇所がわかりやすくなり、紙とパンチの目印を合わせやすくなります（紙を折る動作のハンドリングについては、本章「6 紙を折る」を参照）。

② 紙をパンチに挟む

　紙の目印が奥側を向くようにします。介助者は子どもの両手の甲を包み込むように支え、両手の親指の爪が上を向く状態で紙を保持するよう促します。介助者はさらに、子どもの両手を支えたまま両腕を奥方向へ誘導し、紙とパンチの目印が合うようにします。

③ 紙に穴をあける

　介助者は子どもの右手を紙の真ん中に誘導し、紙を上から押さえて固定します。左手はパンチを押さえるように誘導し、床方向に向かって力を入れ紙に穴をあけます。

④ ファイルの綴じ具をはずす

　ファイルの綴じ具が子どもの体の中央にくるように準備します。介助者は子どもの人差し指を伸展させ、綴じ具のスライド部分の上に置いて、スライド部分の上側は下（手前）方向へ、下側は上（奥側）方向へスライドするように誘導しましょう。子どもの指だけを動かすのではなく、右腕全体を動かすように促すことが重要です。

⑤ 紙の穴にファスナーを通す

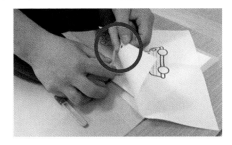

　右手でファスナーを固定し、左手で紙を保持します。介助者は、子どもの左手で親指の爪が下を向くように紙を保持させた後、ファスナーを通す側の穴が見えるように紙をめくらせます。ファスナーの位置に合わせるように紙を移動させ、穴に通すよう促しましょう。

⑥ 綴じ具にファスナーを通す

　最後に、④と同様に介助者は子どもの人差し指の動きを誘導し、綴じ具をつけます。

COLUMN

視覚化を利用した感染症対策の工夫

　子どもたちにも手洗い、手指消毒などの基本的な感染対策が習慣化されてきましたが、子どもたちは雑に行っていませんか？　また、子どもたちは感染対策がなぜ必要なのか、わかっていますか？

　子どもにしっかりと感染対策をとってもらうためには、感染対策の視覚化が有効です。視覚化することで、子ども自身がいつ、どこで、何を、どのように行えばよいのかを理解しやすくなります。例えば、手を洗うところのそばに手洗いの手順や方法をイラストで提示することは、多くの場所で行われているでしょう。ほかには、マスクのつけ方や咳エチケット、黙食のポイントをイラストで提示することもできます。

　また、なぜ感染対策が必要なのかを子どもに理解してもらうためには、イラストを使って説明する工夫があります。インターネットでダウンロードできる子ども向けの感染症説明資料もあるので、そのような資料を使ったり参考にしたりするとよいでしょう。

11　鉛筆を削る

はじめに

　鉛筆を削る動作は、鉛筆削り器を使って鉛筆を削り、長期間鉛筆や色鉛筆を使うために欠かせない生活動作です。一般的には、電動式の鉛筆削り器が便利で多く使われているかもしれません。しかし、鉛筆削り器には、小型のものや、機械手動式のものなども存在します。発達が気になる子どもたちの中には、電動式は使えるが小型や手動式は使えない、そもそも鉛筆削り器の使い方を知らない、鉛筆と鉛筆削り器を同時にうまく動かせない、力加減が苦手で鉛筆の芯を折ってしまうといった子どももいます。

　鉛筆を削る機会は少ないかもしれませんが、機会が少ない分、子どもたちにとっては必要な動きを学ぶことが難しい動作でもあるといえます。

知識編

◆環境設定

　鉛筆を削る動作では、両手を使い、手に力を入れる必要があるため、まず姿勢を安定させることが重要です。正しい姿勢で座らせることはもちろん、姿勢が不安定な場合は、滑り止めマット（Q チェアマットなど）のような、姿勢を保持するための自助具を積極的に使いましょう。

◆介助のポイント

　鉛筆削り器を使った鉛筆削りでは、利き手と非利き手で別々の動きを同時に行う両手の協調運動が必要です。介助者は後方から介助し、子どもの両手を支えながら動きを促します。

　また、前述のとおり、姿勢を安定させることが重要です。介助者の体と子どもの体を密着させ、子どもの姿勢が崩れず安定するような構えをとりましょう。

〈小型鉛筆削り器の場合〉

　利き手に鉛筆を、非利き手に鉛筆削り器を持たせましょう。鉛筆削り器が不安定にならないよう、介助者は非利き手の親指の爪が上を向く構えで腕全体を安定させるようにして保持を促します。

鉛筆を削るときは、鉛筆を手前から奥の方向へ回転させます。利き手で鉛筆を持つ理由は、一回転させた後、鉛筆を持ち直すという複雑な動作が必要だからです。介助者は、子どもが鉛筆を一回転させたら、鉛筆を固定して、子どもが鉛筆を持ち直すように促します。

〈機械手動式鉛筆削り器の場合〉

　鉛筆削り器と子どもの体が離れていると、ハンドルを回すときに十分に力を入れることができません。そのため、鉛筆削り器は自分の体に近いところに置くよう促します。ハンドルを回す動作では、介助者は子どもの肘を約90度に曲げ、肩から動かすように誘導します。子どもが自ら手を動かし出してから、削る動作を促しましょう。

◈**導入方法**

　鉛筆削り器を使うことで、鉛筆の先が尖り、書きやすくなることを子どもに知ってもらうことから始めましょう。まずは大人が見本をやってみせて、鉛筆削り器に興味を持ってもらうとよいでしょう。小型鉛筆削り器は、機械手動式鉛筆削り器と比べると保持が難しく、より細かい指先の協調運動が必要なため、機械手動式鉛筆削り器から動作を誘導していくと子どもが鉛筆削り器に親しみやすくなります。

実践編

鉛筆を削る
小型鉛筆削り器の場合

① 右手で鉛筆、左手で鉛筆削り器を持つ

　介助者は後方から介助し、子どもの両手を手の甲を包み込むように支えます。左手は、親指の爪が上を向く構えで鉛筆削り器を保持させましょう。

② 鉛筆を回転させる

　介助者は子どもの右手を指まで支えながら、手前から奥の方向へ鉛筆を回転させます。同時に、左手は鉛筆の回転方向とは反対（奥から手前）の方向に少し回転させ

ると、鉛筆をより多く削ることができます（a）。

　介助者は、子どもが鉛筆を一回転させたら鉛筆を固定します。そして、子どもの両手を削る直前の構えに戻すように促し、繰り返し鉛筆を削ります（b）。

鉛筆を削る
機械手動式鉛筆削り器の場合

① 鉛筆削り器を体の近くに置く

　鉛筆削り器は右側（利き手側）に置きましょう。介助者は、右手で鉛筆削り器を自分の体の近くに置くよう促します。

② 左手で鉛筆を挿し、右手でハンドルを握る

　右手で鉛筆削り器を固定し、左手で鉛筆を挿します（a）。鉛筆削り器を左手に持ち替え、右手でハンドルを握ります（b）。

③ 右手でハンドルを回転させる

　介助者は子どもの右手を支え、ハンドルを手前から奥の方向へ、肩から動かすように誘導します。ハンドルをしっかりと握ることができるように、介助者は子どもの指までしっかりと支える必要があります。

12　のりを使う

はじめに

　のりは子どもの制作で頻度高く使われる道具です。保育園などでも２歳くらいから、のりを使って制作をするようになります。のりにはでんぷんのりや液体のり、固形のり、テープのりといったさまざまな形状のものがありますが、のりを使いはじめる幼児期には、でんぷんのりを使うことが多いでしょう。でんぷんのりは口に入れても安全で、衣服についても簡単に洗い落とせるため、安心して使用することができます。

　初期の段階では、作品をつくり上げることだけが目的ではなく、のりそのものの性質を楽しむことも目的に含まれます。制作をする中で子どもは、のりを指や手にたっぷりつけてみたり、薄く引き伸ばしたり、ベトベトする両手を試行錯誤しながら扱って紙にのりづけしたりとさまざまな体験をしながら、手先の操作性や認知、問題解決能力などを発達させていきます。年齢が上がるにつれ、のりの量を調整して効率よくのりづけすることや、手を汚さずに制作することもできるようになっていきます。

　発達が気になる子どもたちの中には、このデーののりの感触が苦手で、触れることに苦痛を感じる子どももいます。このような場合は無理やり触らせるのではなく、刷毛などの道具を使わせるか、スティックタイプののりなど別のもので代用しましょう。子どもが安心して楽しめる環境が大事です。

　本項では、幼児期によく使われるでんぷんのりの操作をご紹介します。のりを扱うにあたっては両手の協調運動が重要になりますが、でんぷんのりの場合は、利き手でのりをボトルからとるときや量を調整するときにボトルが倒れないよう固定するなど、非利き手が重要な役割を果たします。また、非利き手でのりづけする紙を押さえ、利き手でのりをつけるといったように両手をうまく使う必要もあります。

知識編

◆環境設定

　前述のとおり、のりにはでんぷんのりや液体のり、固形のり、テープのりといったさまざまな形状のものがありますので、目的に適したのりを使うようにします。のりが手につ

くことが苦手な子どもの場合、作品をつくり上げることが目的であれば、固形のスティックのりやテープのりを使うとよいでしょう。その場にでんぷんのりしかない場合は、刷毛やヘラなどの道具を使わせ、無理をさせないようにしましょう。そして、いつでも手を拭けるように濡れた手拭きを準備しておきます。

　でんぷんのりを使う際、量が調整できない場合は、浅めの皿にのりを薄く広げて提示すると調整しやすくなります。また、でんぷんのりは白いので、白い紙の上ではどこに塗ったかがわからないことがあります。そのようなときは、のりに絵の具や食紅などを混ぜて色をつけておくとよいでしょう。

◆介助のポイント

　でんぷんのりを使う動作では、のりをとるときにボトルを保持したり、のりをつけるときに紙を押さえたりひっくり返したりと、補助する非利き手の役割が重要になります。利き手側だけでなく、補助する非利き手側の動きも教えていきましょう。

　また、紙のかたちや大きさ、工作の目的によっては、のりを塗るポイントが通常の角や輪郭ではない場合もあります。その場合は、紙を押さえる位置も通常とは異なってきますので、のりをつける位置がわかりにくい場合は、目印をつけてから取り組ませるとよいでしょう。

◆導入方法

　でんぷんのりを使用する際は、手拭きを準備して、ベトベトした手をいつでも拭いたり洗ったりできるようにしましょう。苦手意識を持たせないことが大切です。

　大きな紙にのりづけしたり、台紙のほうにのりをつけたりして、紙がくっつく因果関係を楽しめるようにしましょう。

のりを使う
でんぷんのりを使う

① のりの蓋を開ける

子どもを体に合ったテーブルと椅子に座らせます。介助者は子どもに体を密着させ、二人羽織のように子どもの手を誘導します。

介助者は子どもの左手でボトルを保持するように、子どもの手の甲の上から支えます。そして、子どもの右手の親指の腹が蓋の突起に当たるように誘導し、人差し指を蓋の中央部に当てて、親指側を上に引き上げて蓋をとります。蓋は作業の邪魔にならないところに置きます。

② のりを指につける

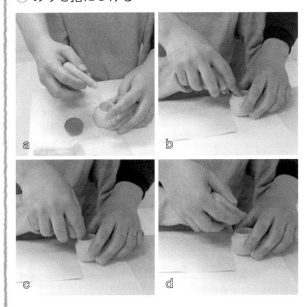

介助者の親指と人差し指で子どもの右手の人差し指を伸展させるように手の甲の上から支えます（a）。そしてボトルの中に子どもの人差し指を入れます。子どもの左手はボトルを右側に傾けて、指が入りやすいようにサポートすると同時にボトルが倒れないように保持します（b）。

のりを指につけるときは、子どもの右手はやや内側に回す方向へ、左手は外側に回す方向へと非対称な動きに誘導すると、のりをすくいやすくなります（c）。のりは子どもの人差し指の第1関節く

らいまでつく程度にし、つけすぎた場合は、ボトルの縁でのりをこそいで調整します
(d)。

③ 左手で紙を押さえる

　子どもに左手のボトルを放さ
せ、紙を押さえさせます。ここで
はのりを紙の角から角へと輪郭に
沿って塗るため、塗りはじめる角
に近い位置を押さえさせるように
します。左右の手の距離が開く
と、のりを塗りはじめたときにう
まく紙を押さえることができず、
紙が波打ったり、くしゃくしゃに
なったりするので、注意するよう
促しましょう。

④ 紙の輪郭に沿ってのりを塗る（上方）

　左手でしっかり紙を押さえなが
ら、右手を左端から右端へ動か
し、のりを塗るように誘導します
(a)。途中でのりが薄くなってき
たら②に戻って、指にのりをつけ
直すように促し、のりが途切れた
部分から③の動きで再開します
(b)。

⑤ 紙の輪郭に沿ってのりを塗る（右側）

　縦に塗る場合は、上から下への
りをつけるようにします。基本的
には③④の動きと同じです。子ど
もの左手で、塗りはじめる場所の
すぐ横の位置を押さえさせます。

⑥ 紙の輪郭に沿ってのりを塗る（下方）

紙の下の輪郭にのりを塗る場合も基本的には③④の動きと同じで、横に塗るときは右側から塗ると手が重なって手元が確認しづらいため、左側から塗るようにします。子どもの左手で、塗りはじめる場所のすぐ上の位置を押さえさせます。

⑦ 紙の向きを変える

左側の輪郭にのりを塗る場合は紙を押さえにくいので、紙を回転させます。のりがついていない左手で紙を動かすようにしましょう。子どもの左手の親指を紙の中心に当て、人差し指と中指を紙の上方から裏面に回し、紙をつかみます（a）。手首を手の甲側に曲げて紙の向きを変えます（b）。

⑧ 紙の輪郭に沿ってのりを塗る（左側）

⑥と同様にのりを塗ります。

⑨ 指についたのりを拭く

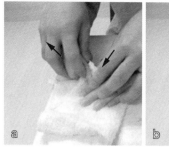

　紙の輪郭にのりが塗れたら、一度右手を濡れタオルで拭きましょう。子どもの左手でタオルをめくり、右手の人差し指を当ててタオルに巻き込みます（a）。そして、右手を後方に引く動作を繰り返して指からのりを落とします（b）。

⑩ 紙をひっくり返す

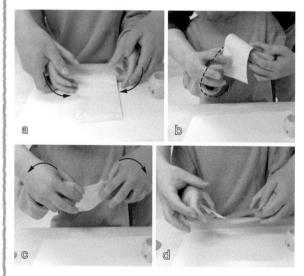

　介助者は、子どもの両手を手の甲の上から支え、子どもの指先を紙の下に入れて、紙を持ち上げさせます（a）。そして、左手で紙を保持したまま、右手の持ち位置を変更させます。このとき、右手の前腕を内側に回して親指が下を向くかたちに持ち替えるよう誘導します（b）。続いて、今度は右手で紙を支え、左手も同様に親指を下に回し、両手の前腕を同時に外側に回して紙をひっくり返します（c、d）。

⑪ 紙を台紙に貼り付ける

　介助者は、子どもの両手を寄せて紙を若干たるませるようにします（a）。そして、子どもの右手の親指を紙の中心部に当て、親指を当てた部分から台紙につくように前腕を内側に回す方向に誘導します。紙が台紙についたら、子どもの両手の親指で紙を押さえながらほかの指をはずすようにします

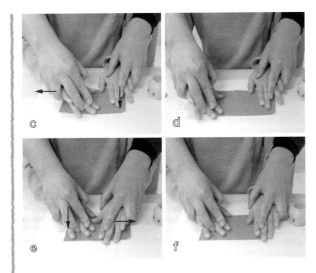

(b)。

　介助者は、子どもの左手の指の腹が軽く台紙につくようにして紙を押さえます。そして、子どもの右手の指の腹を使って、空気を抜くように紙を押さえながら、外側にスライドして貼り合わせていきます（c、d）。介助者は動き出しをサポートして、その後は子どもの動きに合わせます。

　最後に反対側も貼り合わせていきます。介助者は子どもの右手で紙を押さえ、左手の指の腹で、空気を抜くように紙を押さえながら、外側にスライドして貼り合わせます（e、f）。先ほどと同様に介助者は動き出しをサポートして、その後は子どもの動きに合わせます。

13　塗り絵をする

はじめに

　塗り絵は、すでに描かれた線の内側を形状に合わせて、さまざまな色で塗りつぶす作業です。文字を書いたり好きな絵を描いたりできない頃でも、色を塗るだけで完成させることができるため、子どもが達成感を感じやすい作業でもあります。塗り絵の中にはフィンガーペインティングのような遊びもありますが、ほとんどの塗り絵は色鉛筆やクレヨン、マジックなどの筆記具を使用します。本項では、筆記具を用いた塗り絵をする場合のハンドリングについてご紹介します。

　塗り絵は、自由に絵を描くのとは異なり、枠の中に収まるように塗ろうとする能力が求められます。緻密な絵になればなるほど狭い枠の中に塗らないといけないため、肩や腕の動きではなく、主に指の曲げ伸ばしを使った動きで行う必要があります。また、筆記具の操作には手指の機能の発達や、指先の力加減を調節する力、かたちをとらえる視覚認知なども関連します。

知識編

◆環境設定

　塗り絵をする際の環境設定としては、塗りやすくなるような配慮をしておくことが必要です。例えば、指先の力加減が苦手な子どもは筆記具の先が不安定になりやすく、枠から色がはみだしやすくなります。そのため、うまく枠の中に収まるように塗ることが苦手な子どもの場合は、輪郭の線が太い絵を準備しておくなどの配慮があるとよいでしょう。

◆介助のポイント

　塗り絵は、前述のとおり枠の形状に合わせて塗るため、指先での細かい操作が求められます。介助する際は、子どもに筆記具の握り方を意識してもらう必要があります。介助者は子どもの手の甲を包み込むように支え、「親指と人差し指の指先の腹」「中指の指先の親指側側面」「親指と人差し指の間のファーストウェブ（水かき部分）」の3点で筆記具を支えられるように促します。

　塗る箇所をしっかり見ないと、はみだしや塗り残しにつながります。塗りはじめるとき

には、介助者が「ここを塗ろうね」と塗る箇所を伝えるようにするとよいでしょう。塗る箇所の枠の形状に合わせて、手の動かし方を変えていきます。介助者は子どもの手を支え、縦、横、丸など、かたちに合わせて動きを促しましょう。その際、「たて」「よこ」「まる」などの声かけも加えることで、塗り絵に必要な線やかたちを意識してもらうことができます。

　枠の近くが塗れたら、枠の中を塗ってもらいます。介助者は子どもの手首を固定し、枠の中は子どもが主に指を曲げ伸ばしする動作で塗れるよう促しましょう。

◆導入方法

　塗り絵は手指の動きが多く、子どもにとっては負担になりかねません。できるかぎり子どもの興味・関心に合った絵を準備し、モチベーションを維持させましょう。また、指先の力加減によっては、道具を工夫することでうまく塗れる場合もあります。

実践編

塗り絵をする

① 筆記具を持つ

　子どもの右手の「親指と人差し指の指先の腹」「中指の指先の親指側側面」「親指と人差し指の間のファーストウェブ」の３点に触れながら、筆記具を握らせます。介助者は、子どもの手首を手の甲側に曲げた位置（背屈位）で固定し、手の甲を包み込むように支えます。子どもがファーストウェブの部分を意識できるよう、筆記具の上から下方向にしっかり触れましょう。左手では紙を押さえさせます。

② 色を塗る

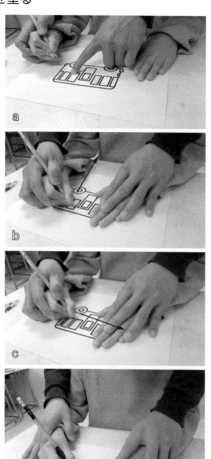

塗りはじめる前に、塗る箇所を伝えるか、子どもと一緒に塗る箇所を決めましょう（a）。介助者は子どもの手を支えたまま、枠のかたちに合わせて子どもの肩から手までの動きを促します。このとき、縦に塗る場合は奥から手前への動きを（b）、横に塗る場合は左右の動きを促します（c）。子どもの自発的な手の動きを引き出し、子どもの手が動きはじめてから誘導するようにしましょう。

できるかぎり子どもが持っている力や動きを引き出すため、枠の近くは介助者が子どもの手を動かして塗り、枠の中は子どもが自ら指の動きで塗れるようにするとよいでしょう（d）。子どもが塗る箇所によって手指の動きを調節できるように促すことができます。

14　ぞうきんを使う

はじめに

　ぞうきんは掃除の際に、床、窓、テーブルなどさまざまな場所や用途に合わせて活躍する便利な掃除道具です。幼稚園や保育園では 3 歳の年少の頃から園の活動として掃除に取り組むことがあります。また、小学生になると必ず掃除の時間があるので、ぞうきんを扱う機会が多くなります。

　ぞうきんを扱うにあたっては、ただ汚れを拭くだけではなく、水に濡らして水拭きをしたり、乾拭きの後に水で洗って干したりと、必ず水を使用します。その際、ぞうきんをしっかり絞るということが重要なポイントになります。絞り方が不十分だと、水拭きの場合は床やテーブルがビショビショになってしまったり、乾拭きの後に洗って干しても乾きにくかったりします。濡れたままにしておくと雑菌が繁殖しやすくなるので、不衛生にもなります。この「ぞうきん絞り」は両手の協調運動や握力等の力が必要になるので、苦手とする子どもが多いようです。はじめはうまく絞れないので、ビショビショになってしまうことを想定して取り組んでいく必要があります。

　ぞうきんはどんな絞り方でも水を絞ることができるので、人によって絞り方が異なる場合があります。中にはやりにくい方法で教えられている場合もあります。効率よく力を発揮できる絞り方としては、「縦絞り」があります。縦絞りは、ぞうきんを両手で縦に持って絞る方法です。利き手を上、非利き手を下にして持ち、両手の甲が見えるように肘を同時に伸ばしながら絞ります。横絞りが前腕筋のみによる動きであるのに対して、縦絞りは上腕筋と前腕筋を使った絞り方になるので、力が伝わりやすく、両手の対称的な動きで行うためやりやすいという利点があります。

　本項では、ぞうきん絞り、テーブル拭き、床のぞうきんがけのハンドリングをご紹介します。

知識編

◆環境設定

　ぞうきんは子どもの両手を広げて並べたくらいの大きさのものを使うようにします。大

きすぎると扱いが難しくなります。片手で拭く際は、ぞうきんを半分に折って手の平サイズにして使用します。

　床のぞうきんがけで、どこを拭けばいいかがわからない場合があります。この場合は、スタートとゴールを明確にします。教室であれば、前から後ろ、もしくは廊下側から窓側と一方向に手順を決め、フローリングの継ぎ目などを手がかりに一列ずつ拭くようにします。手がかりがない場合は、教室の端と端に表示した数字などを手がかりにして、1から1、2から2とマッチングしながら拭いていくといったように、スタートとゴールや手順が見えるようにして取り組みます。

　テーブルの上を拭くときに手がかりが必要な場合は、泡の洗剤スプレーなどを用いると、どこが拭き足りていないのかなどがわかりやすくなります。

　床のぞうきんがけは体力づくりを目的に行われる場合もありますが、高這い姿勢や四つ這い姿勢でのぞうきんがけが難しい場合は、無理せずフロアモップを使ってぞうきんがけができるようにしましょう。掃除の目的は床を拭くことなので、体力づくりは別の取り組みとして行いましょう。

◆介助のポイント

　基本的に子どもの後ろから介助して、介助者の動きと子どもの動きが連動するようにします。テーブル拭きでは、手を左右に動かす際、手だけを動かすのではなく、体も一緒に動くように重心移動を心がけます。

　拭く動作に関しては、スタートとゴールを表示して、拭く範囲がわかるようにするとよいでしょう。また、リズムよく拭くことや拭く手順を明確にすることも大切です。

◆導入方法

　まずはぞうきんを扱うことに慣れるため、乾拭きから始めましょう。乾いたぞうきんで濡れたところや汚れたところを拭いて、「きれいになった」という体験をすることから取り組むとよいでしょう。

　また、初めてぞうきん絞りをする際は、周囲が濡れてもよい手洗い場などで行いましょう。

　床のぞうきんがけで、高這い姿勢をとることが難しい場合は、四つ這い姿勢で取り組むようにしましょう。

ぞうきんを使う
ぞうきんを絞る

① ぞうきんを広げて持つ

子どもをバケツの前に座らせて、ぞうきんの上側の両端を左右の手でそれぞれ持たせます。介助者は子どもの後方から二人羽織のように介助を行います。

介助者は指が子どもの指に重なるようにして、ぞうきんの上側の両端をつまみます。

② ぞうきんをたたむ

子どもの右手を左手側に運び、ぞうきんを半分にたたみます。

介助者は子どもの人差し指と人差し指がぶつかるようにして、ぞうきんを固定します（a、b）。次に、右手の親指を人差し指側の面に移動させ、それと同時に左手の親指でそのぞうきんの面を上から押さえ込むかたちで受け渡しを行います（c）。それができたら、同様に介助して、さらに半分にたたみます（d）。

③ ぞうきんを右手に持ち替える

左手に持ったぞうきんを右手が上になるように持ち替えて、縦絞りの持ち方に備えます。

介助者は、子どもの右手の親指と人差し指〜小指を対立位（指の腹が向かい合う位置）で開くようにして、そこに左手のぞうきんを運び、受け渡します。

④ ぞうきんを濡らす

右手に保持したぞうきんをそのままバケツに入れて水につけます。

⑤ ぞうきんを絞る

　右手でぞうきんの上側を持ったまま、左手で下側を持つよう誘導し、両手で棒を握るように保持させます。そしてぞうきんを握るように子どもの手の甲の上から動きを伝えていきます。

　両手の手関節を手の甲側に曲げながら前方に手を動かすよう誘導して、子どもの肘を伸展させていきます。

⑥ 右手を持ち替える

　⑤で肘が伸びたら、持ち替えのタイミングになります。

　右手のぞうきんを放すよう誘導すると同時に、左手の手関節を手の平側に曲げます（a）。その状態を保ち、再度右手でぞうきんの上側を握らせます（b）。

⑦ ぞうきんを再度絞る

　⑤と同様に行います。

⑧ ぞうきんを広げる

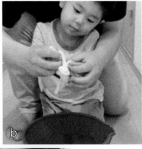

　左手でぞうきんを保持したまま、右手のぞうきんを一度放して、ぞうきんの角をつまむように誘導します（a、b）。右手でぞうきんをつまんだら、左手を放して、先ほど持った位置と対称になる角を持って広げます（c）。

ぞうきんを使う
テーブルを拭く

① ぞうきんを半分、もしくは四つ折りにする

　「ぞうきんを絞る」の②と同様の介助を行い、片手がぞうきんにのるくらいの大きさにたたみます。ぞうきんが大きすぎるとコントロールが難しくなります。

② スタート位置にぞうきんを置く

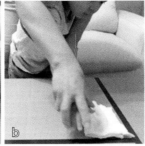

　右手でぞうきんをスタート位置に運びます（a）。その際、姿勢が前方に倒れるので、子どもの左手をテーブルの上に置いて体を支えさせるようにします。介助者は子どもの左手の肘が折れ曲がらないように外側からテーブルに向かって支えます（b）。

③ 横（左から右）に動かして拭く

　介助者は子どもの後ろに密着するように立ち、子どもの左手の肘が曲がらないように支えると同時に、子どもの手の平に体重がかかるよう誘導して、姿勢を保持させます。そして、子どもの右手をぞうきんの上にのせ、指を開くようにします。ぞうきんから手が離れやすい場合は、親指と人差し指でぞうきんを挟むように保持させるとよいでしょう。

　介助者は、子どもの手の甲の上から手の平に向けて負荷をかけ、ぞうきんを押さえつつ、右側に向かってぞうきんを動かします（a）。ぞうきんが体の正中にくる辺りから、介助者の大腿部や腰を使って、子どもの重心を左から右に移動させるように体幹をひねります（b～d）。

④ 縦（前方から後方）に動かして拭く

子どもの左手で③同様に体を支持させます。右手は手前方向に引いて、次のスタート位置で準備します。介助者は子どもの手の甲をテーブルに押さえつつ、手前方向に引いて重心移動させます。

⑤ 横（右から左）に動かして拭く

子どもの左手で③同様に体を支持させます。介助者は、子どもの手の甲の上から手の平に向けて負荷をかけ、ぞうきんを押さえつつ、右側に向かってぞうきんを動かします（a）。ぞうきんが体の正中にくる辺りから、介助者の大腿部や腰を使って、子どもの重心を右から左に移動させるように体幹をひねります（b、c）。

ぞうきんを使う
床を拭く

① スタート位置にぞうきんを広げる

子どもの後方から手を回せるようであれば後方で介助を行います。子どもが大きい場合は、横に並ぶようにして介助を行います。

子どもの足を肩幅に開かせて立たせます。子どもにぞうきんの上側の両端を持たせ、介助者は手の甲の上から握ります（a）。両手でぞうきんを広げて保持し、その状態を維持したまま、ぞうきんの下側からつくようにして床に置き、最後にぞうきんを放すように誘導します（b〜d）。

② 指を広げる

広げたぞうきんの上に両手をついて、高這い姿勢をとらせます。子どもが大きくて、後方から介助ができないようであれば、横から介助を行います。ぞうきんにのせた手の指を広げるように促し、構えの準備を行います。

③ 手に体重をのせて前方に進む

　両手に体重をかけた際に肘が曲がらないように、介助者は子どもの両肘の外側から支えます。そして、子どもの上腕をやや外側に回すように開きつつ、手の平に体重がのるように手前から前方に向かって力を加えます（a）。そうすると手でしっかり体を支えられるので、前方に体重をかけてぞうきんを前に進ませることができます。ぞうきんが前に進むと、バランスをとるために子どもの足が一歩前に出てくるので、そのタイミングに合わせて介助者も足を動かしていきます（b、c）。

15　ほうきを使う

はじめに

　ほうきは年長クラスで扱う園もありますが、多くは小学校に入学後、掃除の時間に使い方を学ぶことになります。

　ほうきは屋内外の掃除で活躍する道具です。さまざまな用途に合わせて、持ち手の柄の長さや、穂の部分の材質・形状が異なっており、それぞれの目的に適した使いやすいほうきを選んで使用します。また、使う道具によって掃き方も異なります。例えば、フローリングやタイルなどの床のゴミを掃く自在ほうきは、「押さえ掃き」で穂先を押さえるように掃くことで、あまりホコリが立たないという特徴があります。また、玄関やベランダなどのゴミを掃く土間ほうきは、「さらえ掃き」で穂先を浮かせて掃くことで、大きなゴミだけを掃くことができるという特徴があります。そのほかに、外の地面を掃く竹ほうきは、「はじき掃き」で穂先の反発力を利用して掃くことで、大きなゴミを掃くのに力を発揮するという特徴があります。このように、ほうきの掃き方は道具によって異なるので、それぞれに合わせた介入が必要になってきます。

　ほうきの使用で共通するのは、移動しながら使用する道具であるため、全身運動になるという点です。両手や両足をうまく協調させながら扱わなくてはならないので、不器用さのある子どもはうまく扱えず、ほうきに対して苦手意識を持っていることが多いようです。

　本項では、学校で多く使用される自在ほうきのハンドリングについてご紹介します。

知識編

◆環境設定

　子どもは、柄の先端を持ったり、両手で近い位置を持ったりして、うまくほうきを扱うことが難しくなっている場合があります。このように適切な持ち位置がわかっていない場合には、子どもがほうきを持つ位置にビニールテープなどで目印をつけておくとよいでしょう。左右のどちらの手で持つかがわからない場合もあるので、目印は右手か左手かがわかるようにします。

　掃く動作ができたとしても、ホコリなどのゴミは見えにくいので、ゴミを集める感覚を

とらえにくいことがあります。この場合は、新聞などの紙をくしゃくしゃにして小さくちぎったものを床にばらまき、ゴミが見えるようにします。ゴミが見えることで、体を動かす方向などが定まりやすくなります。

　また、掃除をする際、教室のどこから掃けばよいか、ゴミをどこに集めればよいかがわからない場合があります。この場合は、スタートとゴールを明確にする必要があります。教室の前から後ろ、廊下側から窓側と、フローリングの継ぎ目などを手がかりに一方向に掃くようにするなど、手順を明確にします。空間をうまくとらえきれない場合は、ビニールテープなどを用いて、スタートとゴールの手がかりをつくります。ゴミを集める場所がわからないようであれば、これもビニールテープを用いて、集める場所を四角で囲んで示すようにします。これらの手がかりによって、動きが定まりやすくなります。

　同じタイプのほうきでも、柄の長さが異なるものがあります。大きいものは扱いにくくなるので、体の大きさに合った柄のものを使用させるようにしましょう。

　ほうきで掃く動作を行うには、手を動かしたら足を動かすといったように、手足をリズムよく協調させて動かすことが求められます。掃除をすることが目的なので、動きが難しい場合は無理せず、フロアモップを用いて掃除させたり、別の役割を設けたりするとよいでしょう。

◆介助のポイント

　介助は基本的に子どもの後ろから、介助者の動きと子どもの動きが連動するように密着して行います。全身運動であるため、重心移動などを介助者の体を使いながら伝えていく必要があります。手を動かして足を動かすといった、リズム感も重要になります。

　どこからどこに掃くのかなど、方向性や手順を明確にすることも大切です。

◆導入方法

　まずは大きめのゴミを集めるところから始めます。新聞紙をくしゃくしゃにしてゴルフボール程度の大きさにしたものをばらまき、それを集めさせるとよいでしょう。ゴールが明確なほうが体を動かす方向がわかりやすくなるので、目印を示して取り組みましょう。

ほうきを使う
自在ほうきで掃く

① 掃く

　ほうきを右手が下、左手が上になるように持たせます。介助者は子どもの後方に立ち、二人羽織のように、子どもの手の甲の上からほうきを持ちます。子どもの足を肩幅程度に開かせてゴミの前に立たせます。

　重心が右足から左足に流れるように、腰をひねりながら、ほうきを横に動かしていきます（a）。このとき、ほうきの穂先を床から離さないように、軽く押さえながら掃き進めるようにします。介助者は子どもに体を密着させて、大腿部や腰を使って体の動きを伝えていきます。重心（白矢印）は、ほうきを動かす初期は右足にあり、ほうきが体の正面を通る辺りから徐々に左足に移行させていくように促します（b）。重心が移ったら、左足の前辺りでほうきの動きを止めます（c）。

② 立ち位置を変えて、ほうきを戻す

　左足に重心がのっているので、介助者は後方から子どもの右足を、同じ側の足を使って次のステップ位置（ゴミを集める方向）に移動させます（a）。そして、今度は右足に体重をかけながら、ほうきを最初の構えの位置に戻し、左足を肩幅程度に開いて、次に掃

く動きの準備をします（b～d）。このように構えができたら①の掃く動作を行い、再び②のように立ち位置を変えて、次の①の準備をするという流れで繰り返します。

HINT

体のひねりを入れず、ほうきを押し出す掃き方

自在ほうきで、ゴミを細かく集める際や、体をひねったり側方に動かしたりする際の複雑な動きが苦手な場合は、この掃き方で取り組むとやりやすいでしょう。

子どもの足を肩幅程度に開かせます。介助者は子どもの後方に立ち、二人羽織のように子どもの手の甲の上からほうきを持ちます。

ゴミを掃く方向の左手を下に、ゴミを掃く方向とは反対側の右手を上にして構えます。

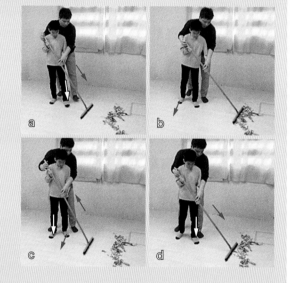

ゴミがあるほうの左足に重心をかけながら、ほうきをゴミの方向に押し出します（a）。介助者は子どもに体を密着させて、大腿部や腰の動きを通して重心移動を子どもに伝えていきます。

次に、今度は反対の右足を前方に振り出し、左足から右足に重心を移動させていきます（b）。それと同時にほうきを引き上げ、最初の姿勢をつくります（c）。

そして、再度、ゴミがあるほうの左足に重心をかけながら、ほうきをゴミの方向に押し出します（d）。これを繰り返していきます。

付録1 「握り」の発達

	手掌回内・回外握り		手指回内握り	側方つまみ	三指握り	
	手掌回内握り	手掌回外握り			静的三指握り	動的三指握り
スプーン・フォーク						
箸						
鉛筆（クレヨン）						

ファーストウェブ
ウェブスペース

指と指の間の水かき部分をウェブといい、親指と人差し指の間のウェブをファーストウェブ、親指と人差し指の間にできるスペースをウェブスペースといいます。鉛筆を三指握りで持つ場合、「親指と人差し指の指先の親指側側面」「中指の指先の腹」「親指と人差し指の間のファーストウェブ」の3点で固定します。

付録2　生活動作の発達段階表

項目		1歳前	1歳	2歳	3歳	4歳	5歳	6歳以降
水を出す			ひねる動作	蛇口開閉				
手を洗う	手を洗う	水に手を当てる	手をこする	水を調整してあげれば手を洗う	手を洗う			
	手を拭く	拭くとき布を握りしめるようにする		タオルを渡すと手をだいたい拭く	手を拭く			
顔を洗う	顔を洗う	顔を拭くと嫌がる	真似して水に両手を入れて、濡れた手で顔をパタパタたたく	水を調整してあげれば顔を洗う	顔を一人で洗う		石鹸と水で洗う	
	顔を拭く		口元を拭こうとする	タオルを渡すと顔をだいたい拭く	顔を拭く	顔を拭く		
整容動作	歯磨き		真似をする		ブラシを縦横に動かす	磨く		
	うがい		がらがらとする		うがいをする			
	鼻をかむ			言われれば鼻を拭く	かんで拭く			
	ドライヤーを使う							洗って乾かす
	髪をとかす		髪に簡を当てる			髪を簡やブラシでとかす		もつれた髪をとかす
	髪をしばる						三つ編みを結ぶ	
	ボタンのつけはずし はずす			大きなボタンをはずそうとする	ボタンをはずす（縦穴/横穴）　スナップボタンをはずす	前のボタンをはずす		
	とめる			大きなボタンをとめる	見えているところは一部ボタンをとめる	前のボタンをとめる　スナップボタンをとめる		

	1歳前	1歳	2歳	3歳	4歳	5歳	6歳以降
ファスナーをしめる			ファスナーを下ろす	下止金が外れていないファスナーを上げ下げできる	ファスナーの先を留め具に入れて、上げ下げする		
ベルトをつける					ベルトの留め金をはずしたりはめたりする		
かぶる衣服・羽織る衣服の着脱 — 脱ぐ	バンザイをして片手で介助者と一緒に脱ごうとする / 袖を自分でも持って引っ張って脱ぐ		かぶる衣服を脱ぐ / 羽織る衣服を脱ぐ				
かぶる衣服・羽織る衣服の着脱 — 着る		首を入れると腕を通す / (同じ側に腕を通す)		かぶる衣服を着る / 羽織る衣服を着る			
スカート・スボンの着脱 — 脱ぐ		立ったまま膝まで下ろして座って脱ぐ	脱ぐ	パンツとズボンを同時に脱ぐことができる / 留め具をはずして脱ぐ			
スカート・スボンの着脱 — はく		はかせようとすると足を広げる / 座ってはく	ゴムのものがはける	パンツをはいてから ズボンをはく	はいて留め具をつける		
下着の裾をしまう				裾をしまう			
靴下を脱ぐ・履く — 脱ぐ		靴下のつま先を引っ張って脱ぐ	靴下を脱ぐ				
靴下を脱ぐ・履く — 履く				履く			
靴を脱ぐ・履く — 脱ぐ			靴を脱ぐ				
靴を脱ぐ・履く — 履く		介助者が持っている靴に足を入れようとする(向きを変えようとする)	靴を履くことができる(自分で靴を持って履こうとする)(向きを変える)		正しい足に履く		
靴ひもを結ぶ					かた結びでひもを結ぶ		蝶結び
帽子をかぶる・とる		帽子を引っ張って脱ぐ / 帽子をかぶり脱ぐ					

着替え動作

項目		1歳前	1歳	2歳	3歳	4歳	5歳	6歳以降
カバン（ランドセル）を背負う・下ろす					リュックを背負う			
洋服をたたむ・袋にしまう・ハンガーにかける			背の高さのフックに上着をかける			言われなくてもいろいろな洋服をハンガーにかける		
					たたむ			
食事動作	飲み物を飲む（動作）	コップを持つがこぼす	両手で持って飲む	片手で持って飲む				
	飲み物を飲む（道具）	スプーンから飲む	コップから飲む　ストローで飲む					
	スプーンを使う	指で食べる	手掌回内・回外握り	手指回内握り	静的三指握り		動的三指握り	
			スプーンでこぼさない		スプーンやフォークを寄せたり隙いたりする	スプーンで計をすくう		
	フォークを使う		手掌回内・回外握り	手指回内握り	静的三指握り		動的三指握り	
			フォークでさす	フォークを上手に使う				
	箸を使う						箸を使う	
	調味料をかける							
お風呂動作	体を洗う（洗う）		体を洗う真似		洗う			
				タオルに石鹸をつける				
	体を洗う（拭く）					体を拭く		
その他の生活動作	鉛筆を使う		手掌回内・回外握り	手指回内握り	静的三指握り		動的三指握り	
			なぐり描きをする	真似して縦横線・丸・十字を描く	顔の輪郭らしいもの（顔の輪郭・目と口がつく）	△を描く	◇を描く	文字を書く	
	消しゴムを使う							やぶかず消す

	1歳前	1歳	2歳	3歳	4歳	5歳	6歳以降
はさみを使う			一回切りから連続切りができる	かたちを切る		曲線を切る	かたちを切り抜く
のりを使う				のりをつける			
そうきんを使う				そうきんをおむすび絞りで絞る / ひねって絞る	ふきんではしたものを拭き取る		

準備段階として開始される時期 やりはじめる時期 より実用的になってくる時期

◎参考文献
1) Sparrow SS, et al（原著）, 辻井正次, 他（日本版監修）, 黒田美保, 他（日本版作成）：日本版 Vineland-II 適応行動尺度 マニュアル. 日本文化科学社. 2014
2) 遠城寺宗徳：遠城寺式 乳幼児分析的発達検査法 解説書. 九州大学小児科改訂新装版. 慶應義塾大学出版会. 2009
3) 里宇明元, 他：PEDI—リハビリテーションのための子どもの能力低下評価法. 医歯薬出版. 2003
4) 岩崎清隆, 他：人間発達学. 標準理学療法学・作業療法学 専門基礎分野. 医学書院. 2010
5) Bluma SM, et al（著）, 山口 薫（監訳）：カード式 ポーテージ乳幼児教育プログラム—0～6歳・発達チェックと指導ガイド チェックリスト. 主婦の友社. 1983
6) 2003年度ボバースアプローチ卒後8週間講習会. 配布資料
7) 肥田野直（監）, 旭出学園教育研究所（著）：ASA 旭出式社会適応スキル検査 手引. 日本文化科学社. 2012
8) 鴨下賢一, 他：苦手が「できる」にかわる！発達が気になる子への生活動作の教え方. 中央法規出版. 2013

発達をうながすハンドリング
—生活動作の介助のポイント

発　行　2022 年 9 月 1 日　第 1 版第 1 刷 ©

編　著　鴨下賢一

著　者　池田千紗・戸塚香代子・小玉武志・高橋知義・東恩納拓也・
　　　　三和 彩

発行者　青山　智

発行所　株式会社 三輪書店
　　　　〒 113-0033 東京都文京区本郷 6-17-9　本郷綱ビル
　　　　TEL 03-3816-7796　FAX 03-3816-7756
　　　　https://www.miwapubl.com

動画編集　中島卓也

印刷所　三報社印刷 株式会社